RÉFUTATION
DES RAPPORTS AU ROI,

EN DATE DES 9 ET 15 AOUT 1815,

ATTRIBUÉS

AU CI-DEVANT MINISTRE DE LA POLICE,

AVEC LE TEXTE EN REGARD.

PAR LE CHEVALIER DE FABROT.

.... Hic murus aheneus esto,
Nil conscire sibi, nullâ pallescere culpâ.
(HOR., Ep. I, lib. I.)

A PARIS,

CHEZ PETIT, LIBRAIRE DE S. A. R. MONSIEUR, FRÈRE DU ROI,
PALAIS-ROYAL, GALERIE DE BOIS, N°. 257.
L. G. MICHAUD, IMPRIMEUR DU ROI,
RUE DES BONS-ENFANTS, N°. 34.

M. DCCC. XV.

AVANT-PROPOS.

Dans la réfutation d'un ouvrage politique, ce n'est point assez de combattre les propositions qui donnent lieu à la censure, il faut encore remonter au principe qui les établit, et descendre aux suites qui sont la conséquence nécessaire de leurs effets. Une telle discussion exige beaucoup de méthode et de clarté, c'est pourquoi j'ai pris le parti de mettre en regard le texte et la réfutation, afin que le lecteur suive pied à pied l'un et l'autre, et juge facilement du mérite de chaque production. L'analyse du Mémoire serait très courte à faire, le sens en est surtout très facile à comprendre, et il est impossible d'en méconnaître l'origine. Ce qui pouvait se dire en peu de mots forme ici un Mémoire très étendu, parce que la prolixité de l'auteur est pour lui un jeu de force. Quand on veut présenter des choses extraordinaires et en opposition avec tous les principes, il faut pallier, atténuer, augmenter, supprimer, inventer ; il faut savoir feindre un ton de confiance, pour tâcher de l'inspirer aux autres. C'est avec de telles précautions que ce que l'on n'aurait pu, ni osé dire d'emblée passe, au moyen de la préparation. Les lénitifs, correctifs et antidotes font leur effet sur la multitude peu éclairée, et le poison, administré avec les règles de l'art, n'est pas nuisible pour quelque temps. Bien plus, il paraît devenir salutaire, alors même qu'il consomme l'extinction des sources de la vie. Ce système se découvre à chaque proposition du Mémoire. Venons à la preuve.

RAPPORT AU ROI,

ATTRIBUÉ

AU CI-DEVANT MINISTRE DE LA POLICE.

9 Août 1815.

Sire,

§. I.

Les ravages de la France sont à leur comble, on ruine, on dévaste, on détruit, comme s'il n'y avait pour nous ni paix ni composition à espérer. Les habitants prennent la fuite devant des soldats indisciplinés; les forêts se remplissent de malheureux qui vont y chercher un dernier asyle ; les moissons vont périr dans les champs; bientôt le désespoir n'entendra plus la voix de l'autorité, et cette guerre, entreprise pour le triomphe de la modération et de la justice, égalera la barbarie de ces déplorables et trop célèbres invasions, dont l'histoire ne rappelle le souvenir qu'avec horreur.

RÉFUTATION.

---

§. I.

Nous ne sommes point en guerre, mais la France est occupée par des alliés qui sont venu briser le joug honteux sous lequel la trahison la plus insigne nous avait replacés. Nous devons, à toute sorte de titres, pourvoir à la subsistance et à l'entretien des troupes étrangères, et ne devons point appeler du nom de ravage les inconvénients qui sont la suite inévitable de la présence des armées. Considérons le bienfait signalé que nous en recevons : elles nous ramènent notre Roi, notre liberté et la paix. Si quelques désordres ont lieu entre les Français et les étrangers, il est reconnu que ces premiers sont toujours les aggresseurs. Si les moissons ou les fruits de la campagne ne sont pas ménagés par les soldats alliés, il est pareillement reconnu encore que c'est contre les ordres de leurs chefs respectifs, puisqu'ils ont fait afficher partout que si quelqu'un a des plaintes à faire contre des soldats de leur armée, il n'a qu'à se présenter devant les commissaires établis à cet effet, et qu'il obtiendra justice. N'a-t-on pas vu dernièrement que S. Exc. M. le Duc de Wellington, après avoir reçu la plainte d'une Commune, sur des dégâts commis par quelques soldats anglais, a fait

§. II.

Les Puissances alliées ont trop hautement proclamé leur doctrine, pour qu'on puisse douter de leur magnanimité. Quels avantages peut-on retirer de tant de maux inutiles? N'y aurait-il plus de liens entre les peuples? Veut-on retarder la reconciliation de l'Europe avec la France? L'une des vues des Souverains semblait être d'affermir le gouvernement de Votre Majesté, et son autorité est sans cesse compromise, par l'état d'impuissance où on l'a réduite. Son pouvoir est même rendu odieux, par les maux dont elle semble être complice, parce qu'elle ne peut les empêcher. V. M. a signé comme alliée les traités du 25 Mars, et on lui fait la guerre la plus directe.

§. III.

Les Souverains connaissent l'état des lumières en France. Aucun raisonnement, aucune espèce de faute, aucun genre de convenance n'échappent à la pénétration du peuple; les maux seuls qu'il ne peut supporter sont ceux qu'il ne peut comprendre; quoiqu'humilié par la nécessité, il s'y résigne avec courage. V. M. n'a-t-elle pas fait pour l'intérêt des Puissances et pour la paix tout ce qui dépendait de ses efforts? Buonaparte a été non-seulement dépossédé, mais il est entre les mains des alliés, sa famille est également en leur pouvoir, puisqu'elle est sur leur territoire. Les

diré à la Commune plaignante de constater le délit, de procéder à l'estimation du dommage, et d'en venir retirer le montant dans ses bureaux. Après cet exemple éclatant de justice, de modération et d'amitié, peut-on se permettre des plaintes de nature à aigrir de part et d'autre, et des exagérations de mauvaise foi?

§. II.

Quelqu'un qui aurait le projet atroce de rendre odieux les Souverains alliés, pourrait-il s'y prendre d'une manière plus indécente; le pourrait-il encore, s'il voulait affliger le Roi par d'injustes reproches, et même s'il voulait sapper les fondements de son autorité? Mais des contradictions frappantes trahissent l'auteur du Rapport, et dévoilent ses sentiments. Il dit qu'il ne peut douter de la magnanimité des Souverains, et cependant il leur reproche de causer des maux inutiles. Il ajoute *qu'ils font au Roi la guerre la plus directe*, tandis qu'ils l'ont ramené dans sa capitale. En dernière analyse, ne voit-on pas que toutes ces menaces ne tendent qu'à soulever le peuple?

§. III.

Puisque le peuple de France est si éclairé, *puisqu'aucun raisonnement, aucune espèce de fautes, aucun genre de convenance n'échappent à sa pénétration*, pourquoi ne joignait-il pas l'énergie à tant de sagacité, et ne s'opposait-il pas à l'envahissement de l'usurpateur, qui apportait avec lui des maux incalculables, que l'intelligence la plus bornée ne pouvait s'empêcher d'appercevoir? Buonaparte ayant été mis hors la loi, dès son entrée en France, tous ceux qui se joignaient à lui s'y mettaient aussi. C'était faire son devoir et obéir à la loi que de courir sus. Si quelques

Chambres ont été dissoutes, il n'y aura bientôt plus dans les administrations publiques que des gens amis de la paix et dévoués : on avait craint les Buonapartistes, quoiqu'aucun d'eux ne puisse plus être dangereux. V. M. a cependant accordé à ce sujet, tout ce qui pouvait être accordé pour l'exemple.

§. IV.

Si, après avoir vaincu la France, on prétendait qu'il reste encore à la punir ; ce langage, auquel on n'avait pas dû s'attendre, d'après les promesses des Souverains alliés, exigerait qu'on voulût bien en peser toutes les conséquences. De quoi voudrait-on nous punir ? Est-ce à nous d'expier l'ambition d'un seul homme et les maux qu'elle a produits ? Nous étions ses premières victimes ; nous en avons deux fois délivré l'Europe. Ce n'est pas dans les pays étrangers, c'est en France que la terreur a constamment troublé son repos malgré sa puissance.

poignées d'hommes, armés par le crime, ont, dès le commencement de l'invasion, arrêté le peuple français, comment pourrait-il s'opposer aux phalanges innombrables des Souverains alliés, légitimement armés pour maintenir la tranquillité de tous les peuples?

Buonaparte a été chassé de l'Europe qu'il a souillée de ses crimes : il est aujourd'hui dans les fers que sa folie et ses adhérents lui ont forgés. L'auteur qui sait adoucir les portraits, suivant les penchants de son ame, dit que *Buonaparte a été dépossédé*, et qu'il est entre les mains des alliés, ainsi que sa famille. *On avait craint*, ajoute-t-il, *les Buonapartistes, quoiqu'aucun d'eux ne puisse plus être dangereux.* Les intrigants qui ont des millions en quantité sont toujours dangereux, surtout quand ils ont eu des succès. L'auteur dit enfin : *V. M. a cependant accordé à ce sujet tout ce qui pouvait être réclamé pour l'exemple.* Le mot *tout* n'est-il pas ici glissé adroitement pour limiter la poursuite des fauteurs de l'invasion, et la fixer au seul exemple qui a eu lieu?

§. I V.

La proclamation des Souverains alliés portait que tout Français pris les armes à la main serait mis à mort. Cependant leur clémence et celle du Roi ont fait révoquer cette disposition, qui était dans les lois de la guerre. L'auteur dit : *Est-ce à nous d'expier l'ambition d'un seul homme?* On lui répond ici qu'un seul homme ne peut pas causer de grands maux, et qu'il faut pour cela qu'il soit aidé par beaucoup d'adhérents. En fait de crimes, les adhérents s'appellent complices; et ceux-ci, au lieu d'être victimes du principal coupable, en retirent le fruit de leur complicité, d'après les conditions stipulées. C'est ce que l'on

§. V.

Jamais il n'est parvenu à rendre la guerre nationale : des instruments ne sont pas des complices. Qui ne sait pas que celui qui exerce la tyrannie trouve toujours dans la multitude une force suffisante pour se faire obéir ? On nous reproche jusqu'à ses succès; ils se compensent par assez de revers. Quelle image nous apportait l'annonce de ses victoires, si ce n'est celle des conscriptions qui venaient de périr et celle des nouvelles conscriptions que le fer des combats allait de nouveau moissonner ? Nous nous sauvions, comme toute l'Europe, par le même deuil et les mêmes malheurs.

§. VI.

L'armée est soumise à V. M. mais elle existe encore. Nous devons nous expliquer à ce sujet avec franchise. Ce qui reste d'existence à l'armée ne se rattache plus qu'à la pacification et à la tranquillité publique. Son état de réunion, bien loin d'être un mal, empêche le mal de s'étendre; la rentrée des soldats dans le sein du peuple n'est d'aucun danger, quand la fin de la guerre laissera au peuple le moyen de reprendre ses occupations et ses habitudes. Mais avant ce moment, quand la fermentation n'est pas encore éteinte, ni l'obéissance établie; ce mélange de soldats avec les citoyens ne ferait que jeter de nouvelles matières inflammables dans un incendie.

a vu en dernier lieu, par les prérogatives accordées aux adhérents. Comment peuvent-ils oser dire qu'ils ont délivré deux fois l'Europe du pouvoir de Buonaparte, après l'avoir fait revenir, et l'avoir servi après son retour? Ils pouvaient, en rendant l'expression sacrilège, lui dire la même chose à l'égard du Roi.

§. V.

L'auteur voyant qu'il ne peut éviter le reproche de complicité, cherche à atténuer ses torts, en disant que des instruments ne sont pas des complices. Mais celui qui est l'instrument volontaire du crime, est aussi coupable que celui qui le dirige; il en devient très certainement le complice, et s'avilit encore, d'une autre manière, en se rendant malfaiteur à gages.

Les adhérents *se sauvaient, comme toute l'Europe, par le même deuil et le même malheur;* lequel deuil et lesquels malheurs étaient quelquefois compensés, pour plusieurs d'entr'eux, par des revenus d'un million ou davantage.

§. VI.

Les armées, en changeant de maître, ne changent pas d'esprit; et l'on peut dire, avec tout le respect et la soumission qu'un fidèle et loyal serviteur doit avoir pour son Roi, qu'un Souverain n'a pas le pouvoir de pardonner un crime de lèze-nation au premier chef, et ne doit pas compromettre l'existence de ses États, en les exposant à une rechute dont les probabilités approchent de l'évidence.

§. VII.

Il est bien affligeant de penser que cet état de choses n'a sa source que dans l'erreur dè quelques cabinets, dans le jugement qu'ils portent de la situation de la France. Il dépend d'eux que tous leurs désirs soient remplis : il n'y a point de sacrifice auquel un peuple éclairé ne soit prêt à se soumettre, s'il voit le but pour lequel on l'exige, et s'il y trouve du moins un moyen de prévenir de plus grands maux ; telle est la disposition, tel est le vœu de tous les Français. Veut-on au contraire obtenir des mesures préparatoires pour des plans inconnus ? C'est demander une chose impossible. Il n'y a point d'obéissance aveugle en France. Les Puissances n'ont encore fait connaître aucun de leurs desseins. Personne ne sait quelle idée on doit se faire, ni du gouvernement, ni de l'autorité de V. M., ni de l'avenir.

§. VIII.

L'anxiété et la défiance sont à leur comble et tout paraît un sujet de terreur au milieu de cette obscurité. Mais d'un seul mot toutes ces dispositions seraient changées ; il n'y aurait plus d'obstacle à aucune mesure si elle faisait partie d'un plan général qui offrît par son ensemble quelque consolation à l'obéissance. Que les Souverains daignent s'expliquer ? pourquoi voudraient-ils se refuser à cet acte de justice ? Qu'ils daignent réunir toutes leurs demandes, comme autant de conditions pour le repos des peuples, et que votre accession à toutes leurs vues fasse partie d'un traité réciproque : il n'y aura plus alors de difficulté.

§. IX.

Les Souverains ne remarquent peut-être pas assez dans quel cercle d'embarras et d'obstacles ils nous placent et se

§. VII et VIII.

On jette ici de la défiance sur les Souverains alliés; on feint d'ignorer leurs proclamations qui annoncent les intentions les plus désintéressées et les plus magnanimes. On veut toujours que le démembrement de la France soit le seul objet de leurs desseins. On voudrait les voir déjà bien loin; et tandis que la forme et le mode, sur les moyens à prendre pour le grand œuvre de la tranquillité générale, occupent les cabinets; on répand des craintes allarmantes, pour soulever le peuple, et l'on ose, par des soupçons injurieux, insulter les Souverains, pour les rendre défavorables. Les factieux ne pouvant plus gouverner la France, ne cherchent qu'à la détruire.

Ce qui peut changer les dispositions des Souverains alliés n'est, sans doute, que l'agitation où se trouve la France. Si elle se portait toute entière vers le même but, son rétablissement ne présenterait pas de bien grandes difficultés, et les garanties à exiger seraient probablement moins fortes. Mais l'audacieuse effervescence du parti vaincu impose aux Souverains alliés l'obligation de prendre des moyens suffisants pour enchaîner l'esprit de faction. Ce n'est que par son calme intérieur que la France peut espérer d'alléger les maux qu'elle a provoqués, par vingt-cinq ans de désordre et de crimes.

§. IX.

Ici, l'auteur donne des leçons aux Souverains, et leur fait redouter une crise pour eux-mêmes : il veut, d'un

*

placent eux-mêmes; nous avons besoin du bon ordre, pour les seconder, et de leur explication, pour rétablir le bon ordre. Veulent-ils des sacrifices qui exigent des répartitions et une prompte obéissance? Il faut pour cela que l'autorité de V. M. soit pleine et entière. Rien n'est possible, rien n'est exécutable, si la paix n'existe pas de fait, du moins provisoirement; et bien loin d'être en paix, nous éprouvons tous les fléaux de la guerre.

§. X.

Que les Souverains prennent du moins quelqu'attention à leurs intérêts! Quand tout sera ruiné autour de leurs armées, comment celles-ci trouveront-elles leur existence? N'y a-t-il aucun danger à disséminer les troupes? Toutes les armes ne sont point enlevées; et toute arme est meurtrière, entre les mains du désespoir. Sous le rapport des contributions de guerre, quel nouveau sacrifice aura-t-on à demander, là où le soldat aura tout détruit? Sous le rapport de la force des armées, la discipline une fois altérée, a bien de la peine à se rétablir. L'Allemagne est loin de s'attendre qu'après une campagne glorieuse, on lui renverra des soldats corrompus par un esprit de licence, de rapine et de pillage. Tout aurait dû distinguer cette guerre des autres, au lieu d'exciter et de surpasser en France les excès contre lesquels les Souverains étaient armés.

§. X I.

Leur gloire même sera-t-elle satisfaite? Nous avons fait tout ce qu'ils ont desiré; et de leur côté, tout ce qu'ils ont annoncé au Monde se trouve accompli, hors un seul point. Quel contraste entre ce qui se passe, et leurs promesses les plus solennelles? Ce siècle est celui de la raison et de la

ton doctoral, régenter les Monarques; il les somme de s'expliquer, et, mettant tout au pire, dit *que nous éprouvons tous les fléaux de la guerre*, parce que les prestations militaires, auxquelles nous sommes tenus, sont onéreuses au Public. On peut dire à l'auteur : les factieux sont la cause de tous nos maux; leur élévation et leur puissance ont été notre ruine. *Inde mali labes !*

§. X.

Les armées étrangères qui sont en France ne remplacent pas les millions de Français que la guerre a détruits; et ils trouvaient cependant leur subsistance. Il faut espérer qu'avec de la bonne volonté, d'une part, et de la modération, de l'autre, nous surmonterons les peines de notre situation. Mettre en problème s'il y a du danger à disséminer les troupes, et dire que toutes les armes ne sont pas enlevées, c'est assez ouvertement sonner le tocsin, et vouloir allumer l'incendie qui nous réduirait certainement en cendres, si malheureusement il avait lieu.

§. XI.

Les invectives se réfutent d'ordinaire par le mépris; mais quand elles sont adressées à des Souverains, elles devraient produire une réfutation afflictive. L'auteur regarde comme violence et inhumanité, de rendre à la France son Roi légitime, et prétend que la gloire des Souverains

justice, et jamais l'opinion publique n'a eu plus de puissance. Qui pourrait expliquer des maux si excessifs , après
la promesse de tant de modération. La guerre actuelle a été
entreprise pour la cause de la légitimité. Cette manière est-
elle propre à rendre l'autorité de V. M. plus sacrée? On a
voulu détruire et punir celui qui se faisait un jeu du malheur des peuples, et l'on exerce sur la France soumise, les
mêmes violences et les mêmes inhumanités.

§. XII.

Toute l'Europe a pensé que l'entrée des Souverains dans
Paris terminerait la guerre. Que pense-t-on en apprenant
que c'est alors seulement que les excès de l'oppression ont
commencé, sans combat et sans résistance. Les maux qu'on
nous reproche d'avoir faits aux autres n'ont jamais été aussi
grands ; jamais du moins ils n'ont eu lieu, quand l'emploi
des armées était sans but; et fût-il vrai que nous eussions
donné l'exemple d'un tel abus de force, devrait-on l'imiter,
puisqu'on nous en fait un crime?

§. XIII.

On sait dans le Nord, on sait en Prusse ce que notre
défaut de modération a produit d'énergie et d'esprit public dans nos ennemis: n'y aurait-il donc plus de termes
aux maux de l'humanité , si les vengeances alternatives de-

n'en sera pas satisfaite. Enfin, il ose les comparer à celui qui, d'après les factieux eux-mêmes, et l'on peut ajouter encore, avec leur assistance, *se faisait un jeu du malheur des peuples.*

§. XII.

L'acharnement que l'on ose faire paraître contre les Souverains alliés, n'est certainement pas dans la vue de les rendre favorables à la France. Ce qui rassure cependant, c'est qu'étant infiniment au-dessus des atteintes de l'auteur, ils ne peuvent pas en être offensés.

Les maux que la France a fait supporter aux nations de l'Europe sont, d'après l'aveu même des soldats français, infiniment plus grands que ceux que nous supportons aujourd'hui. Le but des armées françaises était toujours l'envahissement ou la destruction ; celui des alliés est la légitimité du pouvoir et la paix. Les alliés sont, comme libérateurs et amis, chez une nation qui, sous les étendards d'un usurpateur, est venu inonder leurs contrées, pour s'y livrer aux plus grands excès. Les généraux et officiers étrangers n'imiteront certainement pas les Français, et ne retourneront pas dans leur pays, chargés de butin : on n'aura pas à leur reprocher des fortunes colossales, produites par le pillage.

§. XIII.

Le Nord et la Prusse ressentiront long-temps les ravages des armées françaises, que la rhétorique lénitive de l'auteur appelle défaut de modération ; et la France ressentira toujours les avantages de la paix et du retour de son Roi

venaient un droit de guerre, car les peuples ne meurent jamais.

§. XIV.

V. M. daigne-t-elle me permettre d'insister sur une dernière considération. Tant que la France aura quelque chose à conserver, et qu'elle sera soutenue par l'espoir de se maintenir en corps de nation, aucun sacrifice ne lui sera impossible, et tous les plans d'une équitable politique pourront s'exécuter; mais le jour où les habitants auront tout perdu, où leur ruine sera consommée, on verra commencer un nouvel ordre de choses, une nouvelle série d'événements, parce qu'il n'y aura plus ni gouvernement, ni obéissance; une fureur aveugle succèdera à la résignation, on ne prendra conseil que du désespoir : des deux côtés on ravagera; le pillage fera la guerre au pillage; chaque pas des soldats étrangers sera ensanglanté. La France aura moins de honte à se détruire elle-même qu'à se laisser détruire par les autres.

§. XV.

Le moment approche; déjà l'esprit national prend cette affreuse direction; une fusion se forme entre les partis les plus opposés; la Vendée elle-même rapproche ses drapeaux de l'armée. Dans cet excès de maux, quel autre parti resterait-il à V. M. que de s'éloigner? les fonctionnaires publics quitteront d'eux-mêmes leurs places, et les armées des Souverains seront aux prises avec des individus délivrés de tous les liens sociaux.

§. XVI.

Un peuple de trente millions d'habitants peut, sans doute, disparaître de la Terre : mais dans cette guerre d'homme à homme, plus d'un tombeau renfermera, à côté les uns des autres, les opprimés et les vainqueurs.

chéri, dont elle sera redevable à ces mêmes nations, qui ont eu tant à souffrir d'elle.

§. XIV.

L'auteur s'effraie ici dans son intérêt; il craint le pillage, parce que sa prévoyance lui a fait amasser beaucoup plus qu'il ne faut, pour la subsistance d'une personne. La prédiction qu'il fait d'*une nouvelle série d'événements, de fureur aveugle, de désespoir et de pillage*, n'aura point lieu. La magnanimité des Souverains alliés nous garantira toujours des fléaux que le tyran de la France a répandus sur les nations voisines. C'est pour mettre fin aux ravages, que l'Europe s'est armée; et les bienfaits que nous en avons reçus, ne peuvent aucunement nous faire présager des malheurs.

§. XV.

La prétendue fusion des partis les plus opposés n'est qu'une confusion dans l'esprit de l'auteur. Y a-t-il rien de plus extravagant que de dire, qu'un rassemblement de constitutionnels et de républicains se mettra aux prises avec les armées victorieuses des Souverains alliés?

§. XVI.

De trente millions d'habitants, il faut au moins rabattre le tiers pour approcher de la vérité; ensuite les bons et fidèles sujets du Roi, qui font l'immense majorité, et, après, tous les individus inhabiles au combat, ou qui n'auront pas la volonté de s'y engager. Toute réduction faite, cette armée, ne pouvant se rassembler, n'existera que dans l'imagination de l'auteur, et les combats singuliers n'auront pas lieu.

RAPPORT AU ROI,

ATTRIBUÉ

AU CI-DEVANT MINISTRE DE LA POLICE.

15 Août 1815.

SIRE,

Je viens d'apprendre à V. M. la situation de son royaume, dans ses rapports avec les armées étrangères. Les désordres dont j'ai eu l'honneur de lui rendre compte sont passagers : la résignation les adoucit, le temps les réparera : la cause en est connue ; mais, il y en a d'autres plus graves, dont je dois mettre le tableau sous ses yeux.

§. I.

La France est en guerre avec elle-même ; nous sommes menacés de tous les maux qui peuvent naître du soulèvement des passions, du choc des opinions. Tant de tempêtes politiques nous ont agités depuis vingt-cinq ans ; on s'est jetté avec tant de violence dans des partis contraires, il en est résulté tant de dissensions publiques et privées, tant de divergence dans les actions, dans les vœux et dans les craintes, qu'il ne suffirait plus de rallier les volontés, si l'on ne rallie en même temps les opinions, en mettant la paix dans les cœurs, en assurant le repos de tous les intérêts.

§. I I.

Tout est danger et obstacle dans les éléments dont nous sommes environnés. La plupart des hommes qui ont combattu et renversé le dernier pouvoir, n'ont cherché qu'à

RÉFUTATION.

§. I.

Si la France est en guerre avec elle-même, cette guerre n'est que d'opinion. De tout temps, chacun a été maître de sa pensée ; mais le moindre acte contre la loi doit être réprimé, et le Gouvernement est toujours assez fort pour se faire respecter. Les tempêtes politiques qui ont eu lieu pendant vingt-cinq ans étaient le fruit de l'anarchie, ou de l'usurpation du pouvoir souverain. Aujourd'hui que l'autorité légitime est rétablie, le pire qui puisse arriver sera quelques vaines clameurs, pour la plupart émises par provocation. On y mettra fin quand on voudra, de même qu'on a mis fin aux scènes scandaleuses des Tuileries, que l'on avait aussi provoquées et soudoyées.

§. II.

Tout est danger et obstacle dans le système de l'auteur du rapport, et l'on peut dire que la terreur panique est toute la charpente de son ouvrage ; aussi n'abandonnera-t-il jamais ce moyen ; mais pour prévenir le dégoût de la mo-

mettre un terme à la tyrannie. Tout gouvernement arbi-
traire les compterait de nouveau parmi ses ennemis. Ce
n'est pas seulement pour la lutte des deux gouvernements,
c'est pour la différence des principes que la guerre s'est al-
lumée dans la Vendée. On pose les armes, mais la guerre
n'est pas éteinte. Une opposition de la même nature agit et
désunit toutes les classes de citoyens, et jusqu'aux membres
de chaque famille : elle a son foyer dans les passions les
plus ardentes, dans le desir comme dans la crainte de voir
triompher les anciennes opinions.

§. III.

Les malheurs publics ne font qu'augmenter nos désordres ;
les deux partis s'aigrissent par leurs reproches et leurs menaces de réaction, ou se provoquent par leurs espérances :
tous se soumettront au Roi, tous auront du moins le langage de la soumission ; mais les uns demandent comme une
condition de leur fidélité que les droits du peuple soient
maintenus, les autres, au contraire, veulent rétrograder et
que tout soit remis en question, afin que l'état présent décide en leur faveur tout le passé ; enfin, l'on dirait, sous
le rapport de l'opinion publique, que la France renferme

notómie, il aura soin de le modifier, de le transformer et de lui donner toutes les couleurs possibles.

Les hommes qui ont combattu et renversé le dernier pouvoir n'ont pas cherché *à mettre un terme à la tyrannie*, puisqu'ils ont appelé le tyran, et lui ont ménagé, par de sourdes et longues manœuvres, tous les moyens de rentrée; puisqu'ils l'ont proclamé, et l'ont mis ensuite en état de se défendre; puisqu'ils ont prononcé la déchéance de la Maison de Bourbon, et qu'ils ont porté leur criminelle audace, jusqu'à renouveler cette déchéance, lorsque le Roi-était avec son armée victorieuse sous les murs de Paris. Si ces hommes-là se vantent d'avoir combattu et renversé le dernier pouvoir, qu'auront fait les magnanimes Princes alliés avec leurs armées formidables? Le bien que ces hommes prétendent avoir fait ne leur appartient pas; et loin de-là : ils ont pris, d'après leur coutume, le parti du plus fort; ils ont augmenté le nombre de leurs trahisons, et après avoir abandonné deux fois leur Souverain légitime, ils ont de même abandonné deux fois l'usurpateur qu'ils avaient appelé; et chacune de leurs défections a augmenté leurs prérogatives et leurs richesses.

§. I I I.

Les désordres n'augmentent que par l'instigation des malveillants. C'est à la police qu'est réservé le soin d'en découvrir les auteurs, et aux tribunaux celui de les châtier. Voilà toute la guerre civile qu'il y a à craindre. La prétendue réaction dont on ne cesse de menacer, n'est qu'un épouvantail mis en avant, sur lequel est fondé tout l'espoir des factieux. Ceux-ci, dit le rapport, veulent bien se soumettre au Roi, ou du moins, prendre le langage de la soumission; mais ils demandent, comme une condition de *leur fidélité*, que les droits du peuple soient maintenus. S'ils

deux nations aux prises l'une avec l'autre. Il ne faudrait qu'un degré de plus de fureur pour dissoudre le lien social ; et il suffirait de quelques fausses mesures de la part du Gouvernement, pour produire un embrasement général.

§ IV.

Il y a, sous le rapport de l'opinion publique et du choc des passions, des nuances distinctives entre les divers Départements, entre les citoyens et l'armée, entre les partis et les factions. Les esprits sont plus calmes dans le centre de la France : l'obéissance y sera plus prompte ; mais il faut faire une classe à part de la capitale. Celle-ci n'est plus et ne peut plus être la règle, ni l'image des provinces, depuis qu'une opinion factice y prend si facilement la place de l'opinion réelle ; chaque parti y trouverait des auxiliaires et des complices pour un triomphe momentané, et l'on aurait tout à craindre de son agitation, tandis que son repos le plus parfait, en apparence, ne peut jamais donner qu'une faible sécurité.

parlent de leur fidélité accoutumée, il faut convenir qu'ils ne devraient guères oser demander; et bien moins encore, quand leurs prétendus droits ne sont que les fruits de leurs violences, et ne datent que de l'époque du malheur des temps. Quant aux fausses mesures dont on parle, on peut dire qu'il n'y en a pas de plus funeste que celle d'abonder dans le sens de ses ennemis : et l'embrasement général, dont il est question, n'est qu'une ridicule menace; puisque ceux qui offrent sous condition cette fidélité à leur manière, n'ont ni armes, ni rassemblement, pas même un Ney pour les commander; et qu'en définitive, leurs débats se passeront à la Cour d'assises. Un seul exemple arrêtera bientôt le grand nombre.

§. I V.

Sous le rapport de l'opinion publique, la très grande majorité est pour le royalisme pur, c'est-à-dire, pur et sans tache, ainsi que pour l'étendue et la dignité du pouvoir suprême. L'attachement au Roi n'est de la part de certaines gens qu'un royalisme accidentel et une hypocrisie politique, qu'aucun masque ne peut cacher. Quant aux citoyens, les plus mauvais d'entre eux ne doivent pas être comparés à l'armée, puisqu'ils n'ont pas, comme elle, consommé la félonie, par la force des armes; et que comme elle encore, ils n'étaient pas investis de la confiance spéciale du Roi.

Il ne faut point faire classe à part pour la capitale; elle sera toujours la règle des provinces, quand une sage administration dispensera au peuple les bienfaits du Souverain, et se rendra recommandable par ses lumières et ses vertus. La capitale doit vivifier les provinces, puisque c'est de son sein que découlent toutes les sources du bonheur : et devant à son tour être vivifiée par les provinces, elle doit leur

§. V.

Le Nord a montré de la modération, et V. M. en a reçu des preuves d'attachement. Le caractère des habitants le rend difficile à agiter. Un régime constitutionnel, sous le gouvernement des Rois, remplirait le vœu des Départements du Nord.

§. V I.

L'Ouest offre un effrayant contraste. Un grand nombre d'individus dans la Vendée, dans le Limousin et dans le Poitou sont dévoués au Roi; mais depuis vingt ans, soit erreur, soit passion, ils confondent la cause de l'ancien régime, avec la cause royale. Un zèle imprudent regarderait peut-être comme un avantage, de pouvoir compter sur cette population armée, sur ces paysans crédules, simples, ignorants, qu'une longue guerre a rendu soldats, et qui obéissent à leurs chefs avec la plus aveugle soumission.

§. V I I.

Cette erreur doit fixer l'attention de V. M. L'emploi de.

communiquer son calme et ses principes, pour éviter les effets de la réaction.

§. V.

Si le Nord a montré de la modération, et si S. M. en a reçu des preuves d'attachement, on ne doit pas conclure de-là qu'un régime constitutionnel, sous le gouvernement des Rois, pût remplir le vœu des habitants de cette contrée, puisque le régime constitutionnel paralyse, tout au moins, la puissance royale. Si c'est une marque d'affection, Dieu préserve de la haine.

§. V I.

L'Ouest effraie l'orateur, et il veut persuader que ses craintes sont dans l'intérêt du Roi. Il trouve de l'imprudence à compter sur la Vendée et autres pays environnants qui sont dévoués à S. M., *sur cette population armée qu'une longue guerre a rendu soldats, et qui obéissent à leurs chefs avec la plus aveugle soumission.* Mais, comment peut-on trouver du danger dans la fidélité, la bravoure et l'attachement des sujets à leur Souverain? ne serait-il pas à désirer au contraire que toutes les provinces de France fussent animées du même esprit? Que dis-je, elles le sont. La France entière a témoigné son amour et son enthousiasme au Roi, par des preuves non équivoques de ses sentiments. Sa Majesté et les Princes de son auguste famille ont été reçus dans tous les endroits de la France où ils se sont montrés, avec le même zèle et les mêmes transports d'allégresse. Ceux qui, dans certains pays, ont osé se porter à des excès criminels contre nos Princes chéris, sont des soldats corrompus et en pleine révolte, dont l'opinion publique fait justice, malgré la clémence du Souverain.

§. V I I.

L'auteur, après avoir employé son moyen préparatoire,

ces soldats, l'appui de cette armée perdraient sans retour la royauté, parce qu'on y verrait le projet évident de placer la contre-révolution sur le trône. Il ne faut pas croire néanmoins que l'opinion soit unanime dans ces Départements : on y a formé des fédérations armées ; une partie des villes est opposée aux campagnes, et les acquereurs de biens nationaux y résisteraient à quiconque voudrait les déposséder.

du mieux qu'il a pu, c'est-à-dire, après avoir essayé d'inspirer la terreur, après avoir menacé d'embrasement général, et avoir présenté comme infaillible une dernière catastrophe; l'auteur, enfin, se décide à toucher la corde sensible, et dit que *si l'on voulait placer la contre-révolution sur le trône, les acquereurs de biens nationaux résisteraient à quiconque voudrait les déposséder.* D'après cela, ne dirait-on pas que c'est des acquereurs de biens nationaux que le Roi tient sa couronne? N'est-ce pas eux au contraire qui la lui ont enlevée deux fois, par deux révolutions atroces? Ces gens-là veulent à toutes forces se faire valoir, et prétendent disposer du pouvoir souverain, pour obtenir des récompenses. S'il était vrai que la couronne fût à leur disposition, le Roi n'en voudrait pas, venant de leurs mains. Ils ne veulent pas de contre-révolution; c'est-à-dire, qu'ils veulent un Roi révolutionnaire, et lui accordent encore le titre de constitutionnel, parce qu'ils pourront ainsi régner de compagnie, et qu'eux, à raison de leur nombre, l'emporteront toujours. Mais de quelle force les acquereurs de biens nationaux peuvent-ils appuyer leurs prétentions? Il ne faut pas parler ici de force morale, puisque ces acquisitions portent l'empreinte du crime. Quelle est donc la force physique de ces gens *qui résisteront à quiconque voudrait les déposséder?* Ils ne sont qu'une faible partie de la population, ils sont disséminés sur tout le sol de la France, ils ne sont ni soldats, ni armés; dans leur nombre il y a des vieillards, des femmes et des enfants. Que peut donc cette tourbe impuissante? On veut cependant la faire passer pour le boulevard de la constitution; on veut que la révolution tienne à jamais, et que le Roi de France, enfant de S. Louis, devienne le successeur de Robespierre et de Marat en sanctionnant leurs forfaits!!!

§. VIII.

Le royalisme du Midi s'exhale en attentats; des bandes armées pénètrent dans les villes et parcourent les campagnes; les assassinats, les pillages se multiplient; la justice est partout muette, l'administration partout inactive : il n'y a que les passions qui agissent, qui parlent et qui soient écoutées. Il est urgent d'arrêter ces désordres; car bientôt la résistance, justement provoquée par tant d'excès, serait aussi exaltée que l'aggression; le bas peuple, la majorité des cultivateurs, une partie de la bourgeoisie des petites villes, la population entière des protestants et des religionnaires soutiendraient cette résistance.

§. VIII.

Le royalisme du Midi a été pendant vingt-cinq ans en butte aux fureurs du parti contraire ; et les fidèles sujets du Roi ont été immolés par milliers, notamment à Nismes, en 1790, et dans l'espace de trois jours. Le grand Prince qui a traversé ce pays-là cette année, y a couru des dangers ; et après son départ, ceux qui lui avaient fait un rempart de leurs corps ont été massacrés, ou mis en fuite, au mépris de la capitulation qui avait eu lieu. Enfin, à la dernière entrée de l'armée autrichienne sur le territoire français, les factieux, dans le délire de leur rage frénétique, ont dit que cette armée venait proclamer le fils de Napoléon : en conséquence ils ont parcouru les villes et les campagnes, en criant : *Vive Napoléon II !* ils ont fait feu sur des patrouilles : la force armée est accourue pour réduire les séditieux, et dans la légitimité d'un service régulier, a nécessairement dû repousser une aggression aussi criminelle. Le parti rebelle ayant eu le dessous, ne cesse de crier, de remplir de faussetés les gazettes, et d'intriguer de toutes manières pour surprendre la religion du Monarque. Aujourd'hui, les séditieux du midi trouvent des protecteurs qui appellent du nom de *bandes* les fidèles sujets du Roi, qui sont armés pour sa cause. De même, dans la guerre d'Espagne, on donnait le nom de *bandes* et de *rebelles* aux généreux Espagnols armés pour la cause de leur Souverain et la défense de leur pays.

L'auteur du rapport trouve que les dissensions politiques ne suffisent pas ; il veut les tourner en guerre de religion, en mettant en avant d'une manière très inconvenante les protestants et autres religionnaires, tandis que quantité de ceux-ci soutiennent le parti du Roi.

§. IX.

Les Départements des Pyrénées ne veulent ni troubles, ni réaction; l'Auvergne, quoique soumise, n'a que des opinions constitutionnelles : à Lyon, deux partis sont en présence.

§. X.

Du côté de l'Est; l'Alsace, la Lorraine, les Trois-Evêchés, les Ardennes, la Champagne, la Bourgogne, la Franche-Comté, le Dauphiné offrent un autre genre de dangers. Une opposition morale au gouvernement de la dynastie royale y est presque généralement établie. Envahis deux fois par les étrangers, ces départements ont plus souffert que les autres ; ils avaient plutôt gagné que perdu par le commerce continental : la quantité de leurs domaines nationaux leur fait craindre davantage les prétentions des anciens possesseurs. C'est aussi dans ces Départements que quelques fautes des précédents ministres du Roi, jugées avec précipitation, avaient excité plus d'alarmes : c'est-là que la guerre a été le plus nationale.

§. X I.

Je n'ai fait entrer que les opinions dominantes dans ce tableau. Aucune de ces opinions cependant n'est sans mélange. La noblesse et le clergé, si l'on en excepte la Vendée, n'ont de parti nulle part ; on est révolté dans toute la France des excès que commettent dans le midi les bandes qui se disent exclusivement royales : leur existence même est un état de rebellion. On a partout en horreur le fanatisme, la guerre civile et toute opinion contre-révolutionnaire. On trouverait à peine un dixième des Français qui voulût se rejetter dans l'ancien régime, et à peine un cinquième qui soit franchement dévoué à l'autorité légitime.

§. I X et X.

La méthode admise aujourd'hui, pour faire passer, ou pour proscrire une opinion, est de crier à pleine tête, d'imprimer, colporter et afficher. — Tout le monde desire, ou personne ne veut telle ou telle chose. — Depuis le 20 Mars jusqu'au mois de Juillet dernier, on n'a cessé de voir dans les journaux et sur les murailles. — Personne ne veut plus de la Maison de Bourbon ! — Dieu sait si la chose est vraie; mais ici notre auteur met en usage cette tactique, en disant : « Du côté de l'Est; l'Alsace, la Lorraine, les » Trois-Évêchés, les Ardennes, la Champagne, la Bour- » gogne, la Franche - Comté, le Dauphiné offrent un » autre genre de danger. Une opposition morale au » gouvernement de la dynastie royale y est presque géné- » ralement établie. » Comment croire à cette allarme, lorsque d'un bout de la France à l'autre, tout retentit de l'attachement que l'on a pour le Souverain ?

§. X I.

En disant que la Noblesse et le clergé n'ont de parti nulle part, c'est annoncer bien positivement que ces deux anciens corps de l'État ne sont à craindre, en aucune manière. Pourquoi donc les dépeindre dans le cours du rapport, comme ennemis du Roi. Les nobles ont tout perdu, en soutenant la cause du trône; ils n'ont plus d'existence, et sont réduits à solliciter de la générosité du Roi quelques faibles secours. Le clergé ayant également tout perdu, fait admirer ses principes, en prêchant sans cesse la soumission aux loix, la résignation aux décrets de la Providence, le pardon des injures et l'oubli du passé.

Cela n'empêchera pas que la grande majorité ne se soumette à V. M. en sa qualité de chef de l'Etat; et cette soumission sera durable, elle prendra le caractère de l'amour et de la confiance, si la France est constamment gouvernée par les idées libérales, éminemment constitutionnelles et entièrement nationales.

On est révolté, dans toute la France, des excès auxquels se livrent les anciens janissaires du tyran usurpateur, et surtout, des outrages qu'ils ont osé commettre à Poitiers, envers l'auguste Princesse, dont les vertus et la grande ame sont le modèle le plus parfait qui puisse exister; envers cette Princesse que la France chérit à tant de titres, et qui doit un jour avoir le front couvert du diadème de ses pères.

C'est sans doute pour faire diversion à ces attentats, que l'auteur du rapport récrimine de nouveau contre les fidèles sujets du Roi dans le Midi, et les désigne sous le nom de *bandes*. En supposant que les événements dont on parle à cet égard ne fussent que des rixes particulières, on trouverait au moins dix victimes du parti royaliste sur une du parti opposé. Mais on ne doit pas appeler victimes, ceux qui périssent dans l'acte du forfait, et l'on ne doit pas non plus appeler meurtriers, ceux qui, armés pour la cause du Roi et de la patrie, frappent des rebelles et des séditieux, qui ont toujours l'aggression de leur côté.

On a partout en horreur le fanatisme, la guerre civile et toute opinion contre-révolutionnaire. Il s'agit de connaître l'acception que l'on donne au mot fanatisme; car aujourd'hui on appelle ainsi l'attachement à la religion, la véritable piété, et l'observance des devoirs du Chrétien. Quant à la guerre civile, ceux qu'elle a tirés de la boue, pour les rendre riches et puissants, n'ont pas sujet de la détester : et la révolution n'étant autre chose qu'une guerre civile, il est aisé de concevoir que leur horreur est réservée pour les opinions contre-révolutionnaires.

On trouverait à peine un dixième des Français qui voulût se rejetter dans l'ancien régime, et à peine un cinquième qui soit franchement dévoué à l'autorité légitime. Cette proposition est une légère modification de celle que Ney fit afficher dans sa proclamation, où il disait : « La cause des Bourbons est perdue à jamais; la France ne veut plus de cette famille, etc. » L'assertion du Rapport et celle de la Proclamation vont de pair, ou à-peu-près, pour la décence et pour la vérité.

L'auteur, dans son Rapport du 17 Juin dernier à Buo-

§. XII.

Dans la supposition d'une guerre civile, les royalistes absolus domineraient dans dix Départements; dans quinze autres les partis se balanceraient : dans tout le reste de la France, on trouverait seulement quelques poignées de royalistes à opposer à la masse du peuple. Il y aurait des éléments suffisants pour former une armée royale ; mais combien durerait la résistance et même la fidélité de l'armée sur laquelle on aurait le plus compté ?

§. XIII.

Il y a aussi un assez grand nombre d'anciens nobles ou assez de partisans de la Cour dans chaque chef-lieu de Département, pour y former une apparence d'opinion publique, et même une majorité assurée dans les colléges électoraux. Il faut en conclure que le parti de la noblesse est encore quelque chose, quand les fonctionnaires publics emploient

naparte, lui dit que la France se soulève de tous côtés, et lui fait la longue énumération des contrées et des villes qui s'arment et se mettent en mouvement : et ici le Roi ne peut, tout au plus, compter que sur un dixième. Il faut, de toute nécessité, que dans l'un des deux rapports, l'auteur ne soit pas sincère. De quel côté est donc la vérité ? Cependant il ne veut pas ôter tout espoir au Roi, et lui prédit de la soumission, pourvu qu'il gouverne par des idées libérales, éminemment constitutionnelles et entièrement nationales. Nous prendrons la liberté d'observer ici que les prétendues idées libérales ont conduit à Moscou, à Leipsick et au Mont-Saint-Jean ; que les idées constitutionnelles ont changé au moins vingt fois, depuis la république une et indivisible jusqu'à ce jour ; et que les idées vraiment nationales répugnent aux deux précédentes.

§. XII.

La guerre civile est l'épouvantail ordinaire, par lequel on se flatte de triompher constamment de la bonté du Roi. On sait combien ce vertueux et sensible Monarque serait affligé de voir répandre du sang ; aussi appuie-t-on de cette menace les prétentions les plus révoltantes. La bonté est certainement une grande vertu dans les Souverains ; mais toute vertu a ses bornes ; et la bonté poussée à l'excès finit par creuser des abîmes. Combien de millions d'ames n'auraient-elles pas été épargnées, si le glaive de la justice eût frappé quelques poignées de scélérats qui ont enfanté la révolution, pour envahir les lambeaux ensanglantés de la France ? Nous n'aurions pas à regretter aujourd'hui........ Evitons de r'ouvrir nos plaies par des souvenirs déchirants, et cherchons plutôt un baume salutaire, pour les guérir.

Le calcul des Départements, relativement à leur fidélité au Roi, est une production selon les vues de l'auteur, et se trouve hautement démenti dans tout le royaume ; la fidélité du peuple, à l'exception de l'armée du mois de Mars, et du bien petit nombre de ses adhérents, est à toute épreuve.

§. XIII.

Les trois-quarts des anciens nobles sont totalement ruinés. Etant dépossédés de leurs biens, ils ne peuvent plus entrer dans la représentation nationale ; et ayant vingt-cinq

tous les ressorts du gouvernement pour le soutenir. Est-il privé de cet appui ? la population l'absorbe. Des erreurs graves à ce sujet pourraient circuler autour du trône ; et c'est pour cela que je m'attache à les faire remarquer. J'aurai d'autres occasions de caractériser l'esprit public : je dois auparavant parler de l'armée.

§. XIV.

L'armée s'est soumise par divers motifs. Dans les uns, cette soumission est un retour sincère à leurs devoirs, envers le Roi ; dans beaucoup d'autres, un effet de la nécessité : dans le plus grand nombre, un sacrifice fait au repos de la France : elle est maintenant blessée et humiliée de se voir disloquer et licencier. Cette armée a été celle des invasions et des conquêtes : le repos lui sera difficile. Une ambition démesurée de fortune l'avait rendue aventurière ; et n'ayant eu à sa tête et pour général que le chef belliqueux de l'Etat, elle ne pourra de long-temps oublier ses anciens drapeaux. Devait-on chercher à la mettre en harmonie avec les autres armées de l'Europe, en lui donnant des idées modestes, un point d'honneur moral et monarchique, une sorte de religion pour la légitimité ? ou bien, était-il indispensable de la dissoudre ?

§. XV.

Cette dernière question ne devait pas se décider par les loix d'une rigoureuse justice : il a fallu plutôt consulter l'art de gouverner, l'avenir, et la raison d'État. Moins il restera d'anciens officiers et d'anciens soldats dans les nouveaux corps qui vont se former, plus il s'en trouvera au milieu du peuple, dans les rangs des mécontents et dans les séditions. On n'obtiendra pas de long-temps qu'une nouvelle armée soit étrangère aux intérêts de l'ancienne. Les troubles

ou trente ans de service, ils ne peuvent plus rien prétendre dans l'état militaire. Comment peuvent-ils faire ombrage ? Quelles sont les erreurs graves qui, à leur sujet, pourraient circuler autour du trône ?

§. XIV.

L'armée ne s'est soumise que par nécessité. C'est tendre des piéges que de dire autrement. Lorsqu'on a porté les armes contre son Souverain, et que l'on en a obtenu le pardon, si on les reprend une seconde fois contre lui, il n'y a plus de retour sincère à pouvoir espérer, à l'égard de pareils serviteurs. Si le Roi avait licencié l'armée en 1814, il n'y aurait pas eu d'invasion en 1815. L'humiliation de l'armée doit porter aujourd'hui sur son crime, et non sur son licenciement, puisqu'elle le reçoit par grâce, et qu'elle a mérité d'être cassée et décimée. La Proclamation des Souverains alliés porte : que tout soldat français, pris les armes à la main, sera mis à mort. Il ne peut y avoir que la clémence de notre auguste Monarque qui les ait détournés de cette disposition. La nécessité de dissoudre l'armée n'est point un problême, puisque le Roi ne peut pas favoriser ceux qui ont mis la France à deux doigts de sa perte.

§. XV.

Un plan de sûreté générale, établi sur des principes bien différents de ceux de l'auteur, mettra les mécontents dans l'impuissance de nuire. Les prétendus deux cent mille hommes ne seront ni rassemblés ni armés. L'exagération vient ici au secours de l'auteur, parce qu'en effet, il a besoin de s'étayer de tout ce qu'il peut trouver. Voila pourquoi ce paragraphe entasse les expressions suivantes : « Troubles civils, éléments orageux, choc, faction, guerre

civils deviendront bien plus graves, avec des éléments plus orageux; et s'il survient un choc entre les factions, tout se trouvera comme préparé pour la guerre civile. Dans la moins fâcheuse des suppositions, le licenciement de l'armée va servir de recrutement au brigandage ; et il est impossible de ne pas trouver un sujet d'effroi dans le seul mal de rejetter dans une population électrique, et déjà si agitée, deux cent mille hommes, unis à tant de familles, et que l'on aura mis en opposition avec le Gouvernement. Aucune autorité ne résistera à une immense coalition de malveillance, de haines, de passions, d'intérêts froissés et revoltés.

§. XVI.

Un autre danger viendra de l'opposition des opinions politiques, des partis et des factions. Il y a des traîneurs dans la marche des siècles et dans celle de la civilisation : les lumières même ont des détracteurs. Quand elles entraînent à des changements trop précipités ou trop étendus, il en naît des résistances et de longues agitations. Le grand combat de la révolution n'est pas encore terminé par vingt-cinq ans de bouleversement. Aucune des anciennes factions n'était encore éteinte, quand l'invasion de l'usurpateur est venu ressusciter tous les partis, en a fait éclore de nouveaux, et a mis à découvert toute l'étendue des factions.

§. XVII.

Pour ne parler d'abord que de la simple différence des opinions, si cette différence est extrême, et si elle produit une espèce de déchirement dans l'Etat, l'autorité a beau

» civile, immense coalition de malveillance, de haines, de
» passions, d'intérêts froissés et révoltés. » Il est, en vérité,
dommage pour l'auteur, que la justice et la raison n'appuient
pas sa brillante rhétorique.

§. XVI.

Quoique les deux paragraphes précédents aient abondé
en moyens, pour disposer, porter et persuader en faveur de
l'armée; l'auteur n'en quitte pas prise pour cela. L'objet est
si important qu'il faut que chaque rayon de défense diverge
à l'infini, et présente des motifs si multipliés, qu'ils puis-
sent entraîner par leur masse, dès qu'ils ne peuvent rien, du
côté de la raison. Aussi allons-nous entrer dans le pays des
chimères, prendre des moutons pour des ennemis, créer
des frayeurs fantastiques, éviter les plus grands maux, et
préparer le règne de l'âge d'or. Tout l'échafaudage sera par-
semé de logique, de métaphysique, de politique, de tactique, etc.; ce qui prouve que l'auteur n'est point étranger à
l'art oratoire : et pour mettre plus d'importance à ses prétendus services, il exagèrera les maux de la France, qui
sont déjà bien grands; il créera même de nouveaux partis,
et démontrera que ses plans triompheront de tout.

§. XVII, XVIII et XIX.

La différence des opinions a produit des déchirements
dans la république française, à cause du vice de son insti-
tution; mais il ne peut en être de même, sous l'autorité légitime. Il n'y a nulle part plus d'opinions différentes, sur
la politique, qu'en Angleterre; il y a même légalement un

*

gouverner dans le sens de l'opinion qu'elle croit dominante, une autre opinion vient l'entraver, et se prétendre aussi l'opinion publique. On ne régnerait pas long-temps, si on n'avait pour soi que cette minorité, puisque l'appui même de la majorité laisse encore subsister une forte résistance. De la part des uns, le sacrifice de ces opinions sera difficile; de la part des autres, il serait impossible.

§. XVIII.

Il ne restera donc qu'à bien choisir, et qu'à faire triompher la raison et la justice, sur de vieilles passions et sur d'anciens préjugés.

§. XIX.

De pareilles contrariétés se rencontrent, sans doute, dans les autres Etats de l'Europe; mais elles ne portent pas sur d'aussi grands intérêts; elles ne s'y joignent pas à tant d'autres oppositions.

§. XX.

Après ce danger, vient celui des partis. Sans compter les royalistes que l'année 1815 retrouve tels qu'ils étaient en 1789, deux des anciens partis subsistent encore, les républicains et les constitutionnels. Si les républicains n'ont pas été détrompés de leurs principes, ils ont reconnu l'impossibilité de les appliquer à un grand État. Ayant cessé par-là d'être dangereux pour le pouvoir monarchique, ils ne le sont devenus pour Buonaparte qu'à cause de sa tyrannie; et sauf un bien petit nombre d'exceptions, vouloir trouver aujourd'hui des Buonapartistes dans les rangs des républicains, ce serait commettre une grande erreur : ils n'en sont pas moins opposés au gouvernement du Roi, ayant de la peine à croire qu'une dynastie qui a tant souffert de la révolution, et qui l'a si long-temps combattue,

parti de l'Opposition. On l'écoute, et les choses vont leur train, comme s'il n'existait pas. Ce qu'il y a de singulier et de louable en même-temps, c'est que les membres de l'Opposition, lorsqu'ils peuvent entrer dans le ministère (ce qui arrive quelquefois), abandonnent leurs anciens principes, et soutiennent avec sincérité les intérêts du Roi. Il n'en est pas de même en France; on change de parti par spéculation, et souvent, pour trahir le dernier qui a accordé sa confiance.

Faire triompher la raison et la justice; voilà une proposition dictée par la vertu : *sur de vieilles passions et sur d'anciens préjugés.* Ici, par les vues de l'auteur, cette proposition devient atroce, puisqu'elle n'a d'autre but que de récompenser les forfaits les plus inouïs, et de frapper d'un anathème politique ceux qui sont restés constamment dans le chemin de l'honneur.

§. XX.

Les républicains ne doivent pas effrayer. Ils peuvent bien moins aujourd'hui que quand on a détruit leur république une et indivisible. Les constitutionnels sont moins redoutables encore, puisqu'à raison de leurs nuances infinies, ils ne seraient pas d'accord entr'eux. C'est faire trop d'honneur aux uns et aux autres que de les redouter; une exacte surveillance suffit à cet égard. Si Buonaparte est allé tout seul dissoudre le Conseil des Cinq-cents, et prendre les rênes d'un gouvernement qui ne lui appartenait pas, Louis XVIII, entouré de fidèles sujets, étant devenu le rédempteur de la France et le pacificateur de l'Europe, ne pourra-t-il pas conserver la couronne que huit siècles de possession et de gloire ont acquise à ses aïeux et consacrée à sa race? Où sont les armées des républicains et des constitutionnels? le Roi n'a-t-il pas la sienne, et au besoin celle de ses alliés?

puisse se résoudre, soit à oublier et à pardonner, soit à démentir les anciennes doctrines, en donnant des garanties suffisantes à la sûreté publique. Ce seul motif les a portés récemment à participer à toutes les mesures qui tendaient à écarter les Bourbons.

§. XXI.

Qu'une digue, impossible à rompre, sépare le passé du présent; que la liberté publique soit affermie sur des bases immuables : à ces conditions on n'aurait jamais rien à craindre des républicains, ils deviendraient même les plus francs auxiliaires du Gouvernement.

§. XXII.

Les constitutionnels font un parti, dans cette acception seulement qu'ils sont opposés aux royalistes, et qu'ils défendent les droits du peuple, tels qu'ils ont été rétablis pendant la révolution; car tout n'a pas été illusion ou crime pendant vingt-cinq ans; on a fait cesser des crimes, des abus et d'odieux privilèges, consacré de sages principes, et opposé de justes barrières à un pouvoir qui n'é-

Les troupes étrangères, qui seront long-temps en France aux ordres du Roi, ne veilleront-elles pas au salut de l'Etat? Une terreur panique à cet égard, n'est-elle donc pas ridicule; et n'y a-t-il pas de la mauvaise foi à l'inspirer?

Les Chambres que Buonaparte a établies ont pris toutes les mesures possibles pour écarter les Bourbons. Personne, hormis ces Chambres, n'a participé à cette abominable félonie : elles veulent à présent faire retomber leur forfait sur un grand nombre de collaborateurs et d'adhérents, pour alléger le fardeau de leur ignominie, en la faisant partager à d'autres. Si Carnot était ici, il dirait que les émigrés ont prononcé la déchéance de la Maison de Bourbon, et que les Chambres l'ont jugée comme un malade désespéré, dont il faut accélérer le dernier moment, pour lui éviter la longueur des souffrances : mais Carnot n'est pas tout-à-fait absent, il a légué sa doctrine et son cœur à ses collègues, et principalement à ceux qui ont avec lui la plus haute marque de ressemblance.

§. XXI.

On oublie les républicains : ils n'ont point de conditions à imposer. On ne veut pas les connaître, et bien moins encore, les prendre pour auxiliaires du Gouvernement.

§. XXII.

Si on a fait cesser des crimes, dans l'espace de vingt-cinq ans, cela ne peut s'entendre que des massacres juridiques, auxquels on a mis un peu de relâche. Etait-ce par vertu? Non. C'était parce qu'il n'y avait plus lieu de battre monnaie, faute de matière; autrement dit : il n'y avait plus de gens riches à faire périr, pour profiter de la confiscation de leurs biens. La première expression était la seule ad-

tait contenu que par lui-même. Ce n'est pas sous ce rapport que nous sommes en opposition avec l'Europe ; ce qu'une révolution n'aurait pas produit, le seul progrès des lumières l'aurait obtenu ; et aujourd'hui que la France connaît ses droits, comment la faire rétrograder ? Il faudrait pour cela qu'il fût au pouvoir de l'homme de détruire ou d'oublier ses propres idées, de se faire d'autres vérités, et de se créer un autre genre d'évidence.

Les constitutionnels révèrent aussi les principes de la légitimité. On a fait en France deux constitutions monarchiques, depuis 1789 : toutes deux ont consacré le principe de l'hérédité du trône. Mais de ce que la naissance donne le droit de succéder au trône, faut-il en conclure qu'elle donne un pouvoir sans bornes ? Perpétue-t-elle la manière de gouverner, parce qu'elle perpétue la dynastie ? Et n'y a-t-il pas une distinction à faire, entre la désignation du Prince, et la nature de son autorité ? La première, sans doute, est réglée par la naissance ; c'est aux loix nationales à régler le pouvoir. Voilà les principes des constitutionnels.

mise à cet égard, et passait pour technique. Il y avait aussi
des raisons secondaires pour diminuer le nombre des exécu-
tions. Il fallait des soldats; et puis, la soif du sang ne dure
pas toujours.

Si l'on avait consacré de sages principes, l'auteur n'aurait pas manqué de les faire sonner bien haut; mais s'il n'en
parle pas, on n'est pas obligé de l'en croire.

Quelles sont *les justes barrières que l'on a opposées à
un pouvoir qui n'était contenu que par lui-même?* Une telle
assertion ne provoque-t-elle pas ici le reproche d'une criminelle et lâche condescendance? N'a-t-on pas toujours abondé
dans le sens de l'usurpateur? N'a-t-on pas sanctionné ses
crimes? N'est-on pas en cela cent fois plus coupable que
lui? car un seul homme peut se tromper, se faire illusion;
il peut être exagéré et même aliéné. Mais les corps inter-
médiaires entre le peuple et lui étaient assez éclairés et
puissants pour mettre un frein à sa tyrannie : s'ils ne l'ont
pas fait, c'est qu'ils ont vendu la France à beaux deniers
comptants; ils ne se sont servis de leurs pouvoirs que pour
s'enrichir et écraser le peuple; et après avoir vilement rampé
devant un usurpateur qu'ils appellent eux-mêmes de ce nom,
après l'avoir investi deux fois du pouvoir suprême, ils con-
testent aujourd'hui au légitime Souverain les droits de sa
couronne, et prétendent les déterminer d'après leurs passions et leurs intérêts.

Ce n'est point au progrès des lumières qu'il faut attri-
buer la révolution, c'est au progrès des crimes. Le siècle de
Louis XIV a fourni plus de grands hommes que le siècle
suivant, et le trône a été pour lors plus fermement assuré
que jamais. La France, dit l'auteur, connaît ses droits, et
rien ne la ferait rétrograder : mais si la France a le droit de

§. XXIII.

Ce parti, cependant, on ne doit pas se le dissimuler, ce parti, quoiqu'il n'hésite pas à se soumettre, n'a pas cessé depuis un an d'être en opposition avec le Gouvernement du Roi. En 1814, c'était principalement les constitutionnels qui attaquaient sans relâche la plupart des mesures et des actes de l'autorité. Et quand une pareille lutte s'établit; quand on parvient à y associer la multitude, une révolution n'est pas éloignée.

Cette opposition fit découvrir une foule de partis qui ne s'étaient pas encore montrés. On disait généralement que le règne des Bourbons ne serait pas d'une longue durée; qu'une crise allait survenir, ou par quelque entreprise de la Cour, ou par un soulèvement du peuple. Les uns parlaient alors d'appeler au trône un Prince étranger; d'autres se prononçaient pour le Duc d'Orléans ; un plus grand nombre encore pour la Régence : il semblait qu'une espèce de révolution morale fût déjà faite dans les cœurs et dans les esprits; et cette circonstance, jointe à la trahison, n'explique que trop bien la facilité avec laquelle Buonaparte s'est remis sur le trône, et l'impossibilité où la Cour s'est trouvée de le défendre.

§. XXIV.

Dans un autre moment, non moins décisif, celui où Buonaparte venait de donner son abdication, la même op-

rejetter actuellement la constitution de nos ancêtres, nos neveux auront un jour le même droit; et de la sorte, chaque génération pourra détruire la constitution précédente, en imitant la première révolution. Voilà l'odieuse conséquence des principes qu'une main impie et sacrilège ose présenter au Roi, en voilant d'une ombre de respect cet atroce tableau.

§. XXIII.

Une révolution ne sera pas éloignée, lorsque ceux qui ont fait la première, auront le pouvoir en leurs mains. Le virus révolutionnaire est de nature à n'être jamais guéri. Les recherches les plus exactes ne fourniraient pas l'exemple d'une pareille cure.

Comme il est impossible d'excuser la trahison de l'armée, l'auteur espère du moins en diminuer l'atrocité, lorsqu'il dit *qu'une crise allait survenir, ou par quelqu'entreprise de la Cour, ou par un soulèvement du peuple. Il semblait,* ajoute-t-il, *qu'une espèce de révolution morale était déjà faite dans les cœurs et dans les esprits.* Notre casuiste se flatte d'avoir rendu, par cette tournure, la faute vénielle. Ce que l'on dit des trois partis prétendus est une preuve de mauvaise foi : car trois partis différents ne se seraient certainement pas réunis, pour opérer une révolution contraire aux vues de chacun d'eux. Il est donc évident qu'il n'y a eu qu'un seul parti, puisque l'issue du complot n'a souffert aucune difficulté.

§. XXIV et XXV.

L'aveu suivant est précieux à recueillir. Les factieux se jugent équitablement eux-mêmes. Ils préfèrent à leur Souverain légitime, tel Prince étranger que ce soit. Ce ne peut être que parce qu'ils se reconnaissent indignes de pardon de-

position au gouvernement du Roi s'est de nouveau mani-
festée dans le parti constitutionnel, avec encore plus de
force que la première fois. Que ne puis-je épargner ces
détails à Votre Majesté? Mais comment sauver la monarchie, si le mal n'est pas approfondi, et si l'on ne connaît
pas tous les dangers? Il n'y a point de Prince étranger que,
dans ce moment, ce même parti n'eût préféré d'obtenir ou
de recevoir de la main des Puissances.

§. X X V.

La prévention était portée à un tel point, qu'il n'y avait
qu'une seule exclusion; elle était pour la famille de nos
anciens Rois.

§. X X V I.

Votre Majesté ne peut s'empêcher de regarder, comme
un acte séditieux, la déclaration de la Chambre des représentants, qui tendait à régler le pouvoir royal, avant que le
trône fût occupé. La vérité est cependant qu'une multitude
de Français partageait le même aveuglement et la même
résistance, parce qu'ils avaient les mêmes craintes. Chacun
demandait des conditions, chacun redoutait les réactions
et les vengeances; on voulait des garanties, non contre
Votre Majesté, dont on connaît la sagesse et la modération,
mais contre les prétentions si bien connues, et tant de fois
énoncées, de ceux qui, par leur accès auprès du trône,
peuvent avoir un jour l'occasion, et peut-être même, le
pouvoir de les faire triompher.

Que d'obstacles ne produira point cette fatale disposition
des esprits? Je ne suis entré dans ces détails si pénibles à
entendre, que pour arriver à cette conséquence; les actes
du Gouvernement seront attaqués de nouveau; ils le sont
déjà, et ce contrôle, sous le rapport des principes, passe

vant le Roi, parce qu'ils avouent l'injustice de leurs posses-
sions, et parce qu'ils n'osent plus prétendre à aucune fonc-
tion publique.

Il n'y a point de prévention personnellement contre le
Roi : mais on redoute son pouvoir et sa justice. Les factieux
possèdent illégitimement, et sont, par-là, ennemis de toute
légitimité. C'est pour cela seul qu'ils voulaient exclure la
famille de nos anciens Rois : ils en sont ennemis jurés.
Plus on leur accordera, plus leur confiance sera ébranlée;
parce qu'ils ne pourront jamais regarder, comme sans retour,
des promesses au-delà des bornes de la crédibilité. Il n'y a
qu'un Souverain illégitime qui puisse les tranquilliser.

§. X X V I.

La Chambre illégale des représentants eut l'audace de
proposer des conditions au Roi : mais l'auteur ajoute avec
supercherie qu'une multitude de Français partageait le
même aveuglement. Il espère que, par cette addition offi-
cieuse, les représentants n'auront plus besoin de pardon, et
qu'un peu d'indulgence suffira.

« *Ceux* qui par leur accès », etc. L'auteur refuse les
simples égards de la civilité ordinaire, quand il doit être
pénétré du plus profond respect.

Le catéchisme républicain disait : « L'insurrection est
» le plus saint des devoirs. » Et l'auteur dit dans le même
sens, et à peu près, dans les mêmes termes : « Les actes du
» Gouvernement seront attaqués. Sous le rapport des prin-
» cipes, cela passe pour un droit, et même, pour un
» devoir. » Il faut convenir que ces principes sont bien
loin d'être monarchiques, et qu'ils ne devraient pas être
présentés à un Roi. L'auteur ensuite, pour pallier l'horreur
de sa doctrine, dit qu'il faut cependant être exempt de

pour un droit, et même pour un devoir, quand il est exempt de mauvaises intentions. Les doctrines politiques sont aujourd'hui si généralement répandues en France, que le peuple croit pouvoir en être le juge; une demi-liberté, des concessions partielles paraîtraient aussi insupportables que le pouvoir le plus absolu; elles exciteraient les mêmes commotions. Ce que j'ai déjà dit de l'esprit public des Départemens a montré dans quelles provinces le parti constitutionnel domine plus ou moins. Ce même parti se fait aussi remarquer davantage dans certaines classes de citoyens; les familles anciennement riches sont en général plus dévouées au Roi; il en est ainsi dans les tribunaux, parmi les gens de justice et le haut commerce; c'est au contraire la grande majorité de la petite bourgeoisie, des marchands et des petits propriétaires qui est constitutionnelle, parce qu'elle a pris plus de part à la révolution. Les acquéreurs de biens nationaux et les familles des militaires ajoutent une grande force à ce parti; mais ce qui leur donne surtout une prépondérance irrésistible, c'est la masse des paysans, aujourd'hui très éclairée et dans l'aisance, ennemis irréconciliables des nobles et du clergé, et dont la révolution a évidemment amélioré le sort. La passion fait des calculs différents sur la force des partis; ce qui est facile, quand on ne compte le peuple pour rien.

§. XXVII.

Je ne mets pas les Buonapartistes au nombre des partis. Il n'y en a plus, il ne peut plus y en avoir, si ce n'est dans

mauvaises intentions. Mais une attaque contre son Souverain peut-elle jamais être une bonne intention?

En disant que *les doctrines politiques sont aujourd'hui
si généralement répandues en France que le peuple croit
pouvoir en être le juge;* c'est frapper un coup oblique et
décider astucieusement la chose. On la présente sous le
voile de l'apparence ou de la probabilité, pour échapper
au reproche que mériterait une assertion positive.

*Une demi-liberté, des concessions partielles paraîtraient
aussi insupportables que le pouvoir le plus absolu : elles
exciteraient les mêmes commotions.* C'est ici la quintessence
du venin de l'ouvrage. Il faut éclaircir ces paroles, puisque
l'auteur a jugé que la réticence lui était nécessaire. Les
factieux, républicains, constitutionnels ou autres, veulent
avoir pleine et entière liberté de gouverner à leur gré, et
veulent posséder exclusivement ce droit. A ces conditions
ils reconnaîtront le Souverain, parce que toutes ses prérogatives se réduiront à ce nom. En cas de refus, ils
menacent d'associer à leurs commotions les acquéreurs
de biens nationaux, les familles des militaires et les
paysans éclairés. Quand il est question d'obtenir, la menace suit toujours leur demande; et quand il est question
de juger leur mérite, ils exigent impérieusement l'oubli
du passé. Les refreins de l'auteur sont *menace* et *oubli*.
Mais puisqu'ils sont si forts, pourquoi s'abaissent-ils à
demander l'oubli du passé; et pourquoi même n'ont-ils pas
opposé aux Puissances alliées les acquéreurs de biens nationaux, les familles des militaires et les paysans éclairés?

§. XXVII.

Les Buonapartistes sont un parti, et sont le seul parti
dangereux qu'il y ait, parce qu'ils sont accoutumés aux

une petite portion de l'armée. Ce n'est point par attachement pour l'homme de ce parti, c'est encore moins par fidélité qu'on a vu, dans le mois de Mars dernier, une partie de la France s'associer pour un moment à ses destinées; il ne dut ce succès qu'à nos discordes, qui le firent regarder par les uns comme un libérateur, par les autres comme un instrument; et cet instrument donnait bien plus de craintes que d'espérances. Il n'y a point de parti sans chef; Buonaparte n'a eu trois mois d'une existence nouvelle que par des événements qui ne peuvent plus se renouveler : tout ce qui pourrait donc se trouver de Buonapartistes se trouve rejeté et confondu dans les rangs des constitutionnels et des républicains.

§. XXVIII.

J'en viens aux factions, c'est principalement sous ce rapport que se trouve le danger de notre situation. Il est

armes et aux entreprises. Tous ceux qui ont abandonné les drapeaux du Roi, au mois de Mars dernier, les abandonneraient, une seconde et même une centième fois, si l'occasion s'en présentait. Il faut être de mauvaise foi, ou connaître bien péu le cœur humain pour soutenir le contraire. De plus, ils sont, en quelque sorte, autorisés dans leur crime, par l'impunité qu'on leur accorde. On leur a laissé la faculté de penser qu'ils n'ont pas trahi, que leur démarche est purement une affaire d'opinion, et que chacun est maître de l'envisager, comme il juge à propos, en vertu du droit de liberté. Non seulement ils jouissent de l'impunité, mais ils obtiennent encore une récompense, par une retraite plus forte qu'on n'en ait jamais accordé. Ils ne regardent pas cela comme un acte de clémence, mais comme un droit incontestable qu'on ne pouvait leur refuser. Par la même raison, ils demanderont la croix de St.-Louis, en mettant dans leurs états de service la campagne de 1815, et nommément la bataille du Mont-St.-Jean.

Le succès que Buonaparte eut dans son invasion ne vint point des prétendues discordes; il vint de la trahison de plusieurs personnes riches et en place qui, dès l'instant de son départ, s'occupèrent de son retour, quoique investies de la confiance du Roi. Ces personnes firent facilement beaucoup de prosélytes dans l'armée, et dépensèrent vingt millions pour gagner, corrompre et soudoyer. Si les Buonapartistes se confondent en apparence dans les autres factions, c'est pour retourner à l'aigle ravisseur, s'il y avait jour à cela.

§. XXVIII.

Ce paragraphe-ci n'est pas pour l'oubli, il est totalement pour la menace, et pour la menace la plus atroce que l'on

évident qu'il y a deux grandes factions dans l'État. L'une défend les principes, l'autre marche à la contre-révolution. La force de ces factions est à mesurer : d'un côté sont les nobles et le clergé, les anciens possesseurs de biens nationaux, les émigrés, les anciens royalistes, ce qui reste des anciens parlements, des hommes éclairés, de bonne foi, qui, parce qu'ils n'ont rien appris depuis vingt-cinq ans, ne peuvent comprendre comment leur ancienne science serait en défaut; un certain nombre encore qui ne peuvent pardonner ce qu'ils ont abhorré, ou qui, préférant à tout, le repos, n'espèrent le retrouver que dans l'ancien régime; enfin les individus et les écrivains passionnés, qu'un esprit de haine pousse toujours aux mesures violentes, aux partis extrêmes. De l'autre côté, est la presque totalité de la France, les constitutionnels et les républicains, l'armée actuelle et le peuple, toutes les classes de mécontents, et même une multitude de bons Français non moins éclairés qu'attachés au Roi, mais qui sont convaincus que toute tentative de contre-révolution, que même une simple tendance à l'ancien régime serait le signal d'une explosion semblable à celle de 1789, et aurait le même résultat.

§. XXIX.

Il ne s'agit plus ici de simples opinions, une des factions est en mouvement; les hostilités commencent, la Vendée est organisée, des troupes se lèvent dans le Midi, avec des couleurs qui ne sont pas même royales; et déjà des bandes se sont montrées dans le Languedoc. Dans la capitale même, ceux qui désirent une contre-révolution, le disent ouvertement; ce qui est une manière d'y prédisposer les esprits. Plus loin un royaliste répand ses doctrines, et ne dissimule pas ses projets. L'autre faction, qui regarde l'exécution de

puisse faire. — *Une explosion semblable à celle de 1789, et qui aurait le même résultat.* — Par conséquent, une seconde journée du 21 Janvier ! ! ! Voilà les bouquets que l'auteur présente : voilà les principes et la doctrine qu'il veut propager... *Quò usque tandem ?*

Si, dans les deux factions dont on parle, l'une se trouve fortement attachée au Roi : si depuis vingt-cinq ans, elle n'a cessé de donner à S. M. des preuves éclatantes de sa fidélité et de sa soumission; certainement un tel parti ne doit point inspirer de craintes, et ne présente aucun danger. Le moindre ordre du Souverain sera religieusement et ponctuellememt observé par des serviteurs irréprochables, pour qui l'obéissance est un devoir sacré. Qui doit donc inspirer des craintes, et présenter du danger? Certainement ce sera ceux qui ont renversé le trône, ceux qui ont, pendant vingt-cinq ans, tourné leurs armes et tous leurs efforts contre le Roi : ceux enfin qui, après un généreux pardon, étant comblés de richesses et d'honneurs, ont eu l'insigne lâcheté d'abandonner leur Souverain légitime, pour se ranger sous les drapeaux de l'usurpateur, ou pour le servir dans les administrations. Voilà de quel côté se trouve le danger : mais la fermeté du Gouvernement suffit pour le faire disparaître.

§. X X I X.

Les Vendéens, et les prétendues bandes du Languedoc sont les plus fidèles sujets du Roi, et seront toujours prêts à défendre les droits de la couronne contre les républicains et autres factieux qui oseraient y attenter. Leur amour pour le Roi est à toute épreuve, ainsi que leur soumission. Peuvent-ils se taire, quand les républicains cherchent à propager leurs opinions anti-royales. En reprochant ici aux

ces projets comme impossible, n'agit point encore, mais cette inaction se prolongera-t-elle long-temps? et qu'arrivera-t il si le combat commence? Dans de si grandes circonstances, mon devoir est d'exprimer toute ma pensée à Votre Majesté.

§. XXX.

Tant que la France sera occupée par des troupes étrangères, leur présence pourra contenir jusqu'à un certain point le parti populaire; les autorités royales pourraient aussi, par leur vigilance, retarder le danger, mais le moment viendrait où toutes les digues seraient renversées; une guerre civile, quand la cause du Roi en est le prétexte, peut durer long-temps: mais à la fin la masse du peuple l'emporte.

§. XXXI.

Votre Majesté est plus convaincue que personne qu'on ne peut revenir aux anciennes doctrines de la monarchie ; tous les éléments de l'ancien régime ont disparu; il n'y avait point alors de droits nationaux de reconnus, mais le pouvoir était modifié par les mœurs; il était comme réglé et contenu par les habitudes et les usages : s'il n'y avait pas de lois fixes, il y avait des maximes de gouvernement; il y avait un code inviolable de modération, de douceur, d'équité et d'urbanité; aucune passion n'était déchaînée, chacun était façonné à sa situation, on la supportait sans regrets. Une seule remarque peut faire juger de la différence de ces temps au nôtre : un impôt de plus ou de moins faisait alors la réputation d'un intendant, la gloire d'un ministre, l'éclat d un règne. Dira-t-on que la France

royalistes de répandre leur doctrine, n'est-ce pas blâmer
ouvertement leurs principes, et encourager les républicains?
Le combat dont menace l'auteur ne commencera pas, et
s'il devait avoir lieu, la cause royale aurait une majorité
de dix contre un.

§. XXX.

Si la présence des troupes alliées était toujours nécessaire
en France, il conviendrait de les garder toujours : mais,
tout au moins, sera-t-il nécessaire de les avoir long-temps.
S. M. l'Empereur de Russie dit à la première nouvelle de
l'invasion : « La France aura besoin d'être gardée long-
» temps. » Ainsi, nous sommes en droit de suivre une
opinion si grave et si respectable, et de dire, dans le même
sens, qu'il est réservé à une nouvelle génération, née
hors du foyer révolutionnaire, d'inspirer assez de confiance, pour se passer du secours des étrangers.

§. XXXI.

N'est-ce pas un blasphême politique, de dire que dans
l'ancien régime il n'y eût point de droits nationaux de
reconnus, que le pouvoir fût comme réglé et contenu
par les habitudes et les usages, qu'il n'y eût point de loix
fixes, mais seulement des maximes de gouvernement? Ne
sait-on pas au contraire que la France était admirée de tous
les peuples de l'Univers, par l'excellence de ses loix et de
son gouvernement? Quelle autre nation a été plus florissante? Quelle autre nation peut présenter dans ses Souverains une race de huit siècles? Quelle autre nation fut
plus heureuse que la France, avant la révolution? L'affreuse
série de ses malheurs ne date-t-elle pas du moment qu'elle
a dévié de ses institutions? Ne faut-il pas être forcené,
pour dire que la France ne rétrogradera pas? Et si la

n'en était que plus heureuse ? Il restera alors à expliquer comment la révolution s'est préparée pendant ce temps de bouheur.

§. XXXII.

Mais à quoi bon les discussions ? l'ancien régime ne peut se rétablir ; la plus grande faute des Gouvernements c'est de ne pas distinguer ce qui est possible de ce qui ne l'est pas. Faire la guerre pendant tout un règne, ce n'est pas régner.

§. XXXIII.

Pour ne rien taire à V. M. sur le même sujet, je lui dirai encore qu'aucune conspiration particulière ne la menace dans ce moment. Nos dangers ne viennent que de notre situation ; mais on peut concevoir par la pensée une conspi-

tranquillité de l'Europe est liée à celle de la France, comment les factieux peuvent-ils se flatter du triomphe, dans une lutte aussi disproportionnée ?

On ne devrait pas demander comment la révolution s'est préparée dans un temps de bonheur. Pourquoi feindre d'ignorer ce qui s'est passé sous nos yeux ? Ne sait-on pas que ce grand incendie n'a été causé que par une étincelle ; et qu'il s'agissait de réparer un déficit, formé sous d'anciens règnes ? Le Monarque veut, à cet égard, consulter ses sujets ; et en reconnaissance de cet excès de bonté, une poignée de factieux s'empare de l'autorité, règne par la terreur, et conduit les choses où elles sont aujourd'hui, excepté néanmoins le retour du Roi, qui n'est dû qu'aux armes victorieuses des Souverains de l'Europe, auxquels les révolutionnaires français ont résisté de toutes leurs forces. L'auteur du rapport trouve-t-il cette explication suffisante, ou bien veut-il que l'on passe en revue les crimes atroces qui ont eu lieu ? Le souvenir en est trop déchirant ; et puisque l'oubli ne peut les effacer, l'horreur du moins doit engager à les passer sous silence, en vouant leurs auteurs à une perpétuelle exécration.

§. XXXII.

Il fallait poser ainsi la question.... L'ancien régime doit-il être rétabli ? car sa durée de plusieurs siècles prouve bien la possibilité de son rétablissement.

§. XXXIII.

L'auteur content de la révolution, soit pour le bien qu'il y a fait, ou pour celui qui lui en est revenu, veut toujours y rester ; parce qu'il pense y être encore, et prédit, d'après le vœu de son cœur, que tout plan de contre-révolution

ration d'un succès infaillible, et dont les desseins ne pourraient être prévenus, ni arrêtés : ce serait celle d'un Ministère ou d'un parti de la Cour qui, par l'erreur la plus gros-
sière, ou par un aveugle dévouement à la cause royale,
conseillerait ou favoriserait un plan de contre-révolution :
tout plan de cette nature renverserait de nouveau le trône
avec fracas, et détruirait peut-être jusqu'à notre dernière
espérance, la dynastie de nos anciens Rois.

§. XXXIV.

On fait souvent une fausse remarque au sujet de l'ancien
régime, en disant que les Français qui ont supporté la tyrannie de Buonaparte supporteraient plus facilement toute
l'étendue du pouvoir royal. On se trompe en cela, de plusieurs manières, parce que la position de Buonaparte n'a
jamais été bien connue de l'étranger. Sa tyrannie n'a pas
été notre ouvrage, mais celui de l'Europe ; ce sont les Souverains qui l'ont consolidée par leurs traités, leurs alliances
et même par leur amitié ; et quand nous lui résistions, les
autres peuples se rangeaient sous ses aigles, ou s'humiliaient
devant lui. Toujours plus effrayé de l'intérieur que du dehors, il savait bien que s'il avait des armées contre les
Rois, il n'avait aucun pouvoir contre l'opinion publique.
C'était par l'obéissance des étrangers qu'il essayait de nous
courber sous le joug : il a marché à plus d'une victoire
pour avoir un moyen de plus de réagir sur la France ; vain-
queur au dehors, inquiet au dedans, tout rassemblement
du peuple, toute assemblée publique le faisait trembler.
Enfin, il n'a cessé de trouver au milieu de sa Cour et dans
ses Conseils des hommes de courage qui, sans désobéir au
Monarque, bravaient au moins le Despote. En supposant
même qu'on eût souffert plus patiemment sa tyrannie,

renverserait de nouveau le trône avec fracas, et détruirait peut-être jusqu'à notre dernière espérance, la dynastie de nos anciens Rois. L'auteur compte sur l'oubli du passé, pour faire croire à la sincérité de sa crainte : mais les principes de son ouvrage le trahissent ouvertement.

§. XXXIV.

Comment peut-on dire que la tyrannie de Buonaparte ait été l'ouvrage de l'Europe? Est-ce l'Europe qui l'a investi du pouvoir suprême? Si les Souverains ont fait avec lui des traités et des alliances, ce n'a été que pour sauver leurs États des ravages d'un ennemi forcené, qui ne cherchait qu'à détruire et envahir. Le succès de ses armes n'a été dû qu'aux moyens violents qu'il a pris, et qui ont amené ses revers et sa chute, en consommant à peu près le quart de la population française. La tyrannie de Buonaparte n'est pas non plus l'ouvrage de la France, parce qu'une poignée de lâches et de factieux ne peut pas se dire la totalité de la France. Puisque *Buonaparte n'avait aucun pouvoir sur l'opinion publique, et que tout rassemblement du peuple le faisait trembler*, pourquoi lui donnait-on des armées contre les Rois? Puisqu'*il n'a cessé de trouver au milieu de sa Cour et dans ses Conseils des hommes de courage qui bravaient au moins le Despote ;* pourquoi ces hommes de courage laissaient-ils opprimer la France, sous un joug aussi honteux? Il n'a pas ravi les droits de la France, mais on les lui a vendus. Sa Cour et ses Conseils, bien loin de lui résister, lui envoyaient dans les pays lointains des émissaires, pour le féliciter du succès de ses armes. Une députation du Sénat est allé le complimenter en

pourrait-on aujourd'hui s'attendre à la même soumission ? il avait fait prendre le change à la liberté, en la remplaçant par la gloire. On n'avait rien à craindre sous son règne ni des nobles ni des émigrés; et s'il est parvenu à compromettre, ou à nous ravir plusieurs de nos droits, c'est par cela même que maintenant tous les ressorts de l'opinion sont tendus pour les défendre.

§. XXXV.

S. M. a pu en juger par ce qui s'est passé depuis quinze mois. Des millions d'hommes ont péri pour retarder la chute de l'ancien régime. Il faudrait causer encore de plus grands maux pour le rétablir.

§. XXXVI.

Notre état d'envahissement est une nouvelle source de divers dangers; les uns concernent en partie les Souverains, les autres ébranlent dès ce moment le pouvoir du Roi.

§. XXXVII.

Les ravages se multiplient, et les subsistances s'épuisent : sous ce rapport la tranquillité publique n'a plus qu'une durée bien incertaine. Le mot impossible s'applique à tout : il y a des maux qu'on ne peut dépasser. Les contributions étant taries ou suspendues, on ne pourra faire face aux dépenses : ce sera une nouvelle source de désordres. En viendra-t-on à des contributions de guerre ? comment et par qui les exiger ? La plupart des contribuables ont déjà perdu leurs meubles et leurs bestiaux, plusieurs ont perdu leurs habitations : c'est à main armée qu'il faudra achever de les dépouiller. La perception de chaque parcelle de l'impôt ne se fera que par un combat.

§. XXXVIII.

Le mal s'aggrave encore par le séjour prolongé des ar-

Pologne, pour le gain d'une bataille : et ce n'est qu'après ses revers, qu'on lui a montré de la résistance. Aussi, disait-il alors, par mépris, *Bis morior.* Aujourd'hui, ceux qui ont été vils et rampants devant un usurpateur, prétendent imposer des conditions à leur légitime Souverain; et n'ayant pu le repousser par la force des armes, ils menacent de *tendre contre lui tous les ressorts de l'opinion.*

§. XXXV.

Quelles sont les forces des factieux, pour menacer de faire périr des millions d'hommes ? Puisqu'ils sont si redoutables, pourquoi laissaient-ils entrer les troupes alliées ?

§. XXXVI.

La présence des étrangers n'est point un envahissement. Au lieu d'ébranler le pouvoir du Roi, ils sont venus pour en augmenter la force. S'il est onéreux à la France de les avoir sur son territoire, pourquoi les a-t-elle provoqués à venir ?

§. XXXVII.

Les armées étrangères étant en France, la France doit nécessairement les nourrir. Les nations voisines ont bien nourri les armées françaises pendant vingt-cinq ans, dans les guerres atroces que le Gouvernement français n'a cessé de leur faire. Si l'épuisement des subsistances ne laisse à la tranquillité publique qu'une durée bien incertaine, pourquoi les factieux diminuent-ils les ressources de l'État, en entravant ses opérations par leurs désordres? Et si le peuple ne peut supporter le fardeau de ses charges, les auteurs de tous ses maux n'ont-ils pas à trembler pour eux-mêmes ?

§. XXXVIII.

Le mal qui s'aggrave par le séjour prolongé des armées,

mées étrangères ; et cependant les Souverains alliés ne songeront pas à les retirer de France, avant d'avoir des garanties de notre repos, parce que leur tranquillité est liée à la nôtre. Nous devons désormais être ensemble, en paix ou en guerre, dans les malheurs ou dans la prospérité.

§. XXXIX.

Mille obstacles nouveaux naîtront de l'état où on laissera la France. Tout aura été anéanti, la fortune publique et les fortunes privées ; tout nous aura été enlevé : nous sortirons de cette guerre, comme d'un naufrage. A quel prix on aura obtenu de jouir du gouvernement du Roi ? Ce moment sera-t-il celui de l'amour et de l'obéissance, ou celui des plaintes, des reproches ou des accusations ? Les cœurs seront aigris, les passions déjà exaltées seront encore plus inflammables ; la guerre, l'oppression, les exemples d'inhumanité ont toujours eu pour résultat, de rendre les mœurs plus violentes, et de produire un nouveau degré d'immoralité et de perversité dans le cœur de l'homme. Celui qui tue maintenant un ennemi, mais qui s'enrichit par ce meurtre, tuera un jour son concitoyen par la même cupidité. On n'a pas non plus calculé les suites qu'aura ce rassemblement de tant de peuples inconnus l'un à l'autre, et mêlés ensemble. Il n'y aura plus ni famille, ni patrie, ni loix dans ce Monde nouveau. La civilisation est suspendue, l'inondation de ces peuples déposera partout un ferment destructeur, un funeste élément, dont on ne tardera pas à reconnaître les effets pernicieux.

§. XL.

Dans cette malheureuse situation, dont il n'y a jamais eu d'exemple, quel bien pourra tenter V. M. ? elle s'affligera avec ses peuples, et sa tendresse n'oubliera rien pour

est un mal nécessaire. C'est un mal qui préserve de la mort; et il faut espérer que ce mal salutaire durera long-temps, pour empêcher la France de disparaître du rang des nations.

§. XXXIX.

Peut-on voir une mauvaise foi plus insigne que celle qui porte à dire que le Roi est l'auteur des maux que la France souffre? Quelle audace ne faut-il pas avoir, pour s'adresser au Roi, et lui dire : *A quel prix aura-t-on obtenu de jouir de votre gouvernement?* Le Roi n'avait-il pas au contraire cicatrisé les plaies de la France , dans l'espace de dix mois? Si le sang a coulé, est-ce au Roi qu'on peut le reprocher? Toutes nos calamités ne viennent-elles pas du perturbateur de l'Europe, à qui les factieux et les traîtres ont donné les moyens de déchirer la France? Le moment des plaintes , des reproches et des accusations est déjà venu, pour ceux qui le méritent; et l'Europe attend que le moment de la justice arrive. Nous n'avons de sauve-garde que dans les étrangers ; et *l'inondation de ces peuples,* d'après l'expression du rapport, *déposera partout,* non *un ferment destructeur,* mais une garantie de sécurité, contre une nouvelle révolution , semblable à celle de 1789, avec les mêmes résultats dont l'auteur nous menace, et auxquels il prendrait, sans doute, la même part qu'autrefois.

§. XL.

L'auteur s'acharne à voir des ennemis dans nos libérateurs , et dit que la liberté sera le seul bien qu'ils nous laisseront :

les consoler. Cependant il faudra bien s'attendre à une opposition bien plus vive que dans les temps ordinaires; et l'autorité sera bien plus faible, parce qu'elle aura besoin d'être conciliatrice. Si l'on parlait alors de réactions, tout un peuple s'écrierait : n'est-ce pas assez des malheurs publics ? Et si l'on menaçait de restreindre la liberté, le peuple la défendrait avec une nouvelle énergie comme le seul bien que l'ennemi lui ait laissé. C'est un peuple de mécontents, c'est un peuple agité que V. M. aura à gouverner.

§. XLI.

Il est vrai, Sire, que les qualités personnelles de V. M. feront disparaître, ou aplaniront une grande partie des obstacles : elle est aimée et respectée. La confiance qu'elle inspire est notre principal moyen de salut; mais les destinées de la France ne sont pas dans ses seules mains. De fatales préventions sont établies : on a fait craindre à un peuple défiant les règnes qui suivront celui de V. M. On se demande si l'on sera toujours gouverné avec la même modération; si l'on opposera toujours une barrière inviolable aux prétentions nobiliaires et au retour de l'ancien régime; si les principes religieux s'uniront toujours avec la même tolérance, si la fermeté sera toujours tempérée par l'indulgence et la bonté ? Un instinct naturel porte tous les peuples à prévoir les biens et les maux qui les attendent; et dans leur bonheur comme dans leurs inquiétudes, ils comparent toujours le règne présent avec les règnes qui suivront. J'en fais la remarque, parce que cette circonstance a une influence inévitable sur les dispositions des esprits; et que si dans certaines occasions elle rend le gouvernement plus facile, dans d'autres elle lui crée des obstacles, et même elle l'empêche de s'affermir.

mais, quoi qu'il en dise, ils nous auront rendu la liberté et notre Roi.

L'autorité ne doit point être conciliatrice ; elle doit être souveraine. C'est alors qu'elle peut faire respecter les loix, et qu'elle n'a rien à craindre des factieux qui, n'ayant en vue que leurs intérêts personnels, veulent, au nom du peuple, renouveler sans cesse la forme du gouvernement. Que ceux donc qui ne veulent pas juger, d'après la justice et l'honneur, jugent d'après l'expérience, et qu'ils sondent l'abîme du quart de siècle qui vient de s'écouler.

§. XLI.

Après avoir menacé le Roi des résultats de la révolution de 1789, l'auteur veut cependant lui offrir de l'encens ; mais en passant par ses mains, il devient bien impur. *V. M. lui dit-il, est aimée et respectée.* Puisque cela est ainsi, comment a-t-elle à craindre les résultats de 1789 ; et si elle a à craindre ces résultats, comment peut-on dire que S. M. soit aimée et respectée ? L'auteur est en contradiction avec lui-même. Nous aimons à dire que c'est dans ce paragraphe-ci qu'il a raison ; mais à cet égard seulement ; car il jette de la défiance sur les règnes qui suivront ; il anticipe sur le temps pour les attaquer, et il ose faire envisager comme dangereux, des Princes dont les vertus, et principalement la bonté, ont depuis long-temps conquis les cœurs de tous les bons Français.

Les principes religieux viennent aussi faire ombrage à l'auteur. Il demande si l'on y verra toujours la même tolérance. Elle devrait cependant être un peu restreinte ; ne fût-ce, tout au moins, que pour empêcher à l'avenir le mariage des prêtres, sans rechercher néanmoins ceux qui ont eu lieu, *puisqu'une digue, impossible à rompre, sépare le*

§. XLII.

Jettons un dernier coup-d'œil sur la France, telle qu'elle
sera après le départ des étrangers. Sera-t-elle en paix au
dedans; le combat des opinions aura-t-il cessé; les haines
seront-elles éteintes ? Il s'agit d'une nation sensible et fière,
mais inquiète, vaine et jalouse. La liberté et l'égalité ont
jetté de profondes racines dans les cœurs; l'ancienne noblesse et le clergé, en perdant leurs biens, ont perdu toute
aptitude à devenir des corps politiques dans l'Etat : toute
dispute sur les principes excitera des troubles, parce qu'il
s'agira d'une dispute pour ou contre l'opinion publique.
Dans les temps ordinaires, on fait peu d'attention aux mécontents : il est facile de contenir les séditieux; mais dans
notre situation, tous les genres d'opposition, toutes les
plaintes seront des querelles de peuple à Gouvernement :
le mal sera encore envenimé par la misère générale; nos
finances seront détruites : il faudra réduire les dépenses et
ôter la subsistance à des milliers de familles. Avant de
trouver des fonctionnaires propres à la situation des esprits, il faudra placer et déplacer ; et pour chaque nomi-
nation, les partis opposés seront encore en présence. C'est
toujours par le choix de ses auxiliaires, que l'autorité laisse
découvrir ses desseins les plus cachés. Viendront après cela
les dangers inséparables d'une représentation nationale, et
ceux de la liberté de la presse, sans laquelle cependant il n'y
aurait point de liberté publique.

§. XLIII.

Le pire de tous les maux sera l'immoralité, funeste fléau
qui détruit les nations, qui vicie l'esprit comme les cœurs,
et qui dénature l'esprit public. Enfin on aura à combattre
d'un côté l'opposition d'un parti nombreux et redoutable,

passé du présent (21); qu'elle justifie, suivant ce qui a été dit, toutes les concessions et institutions révolutionnaires; et que, d'ailleurs, les prêtres qui sont dans ce cas *ne voudraient pas rétrograder, et remonter le torrent* (61).

§. XLII.

On demande ce que sera la France, après le départ des étrangers, en feignant et insinuant qu'il doit être bien prochain. Mais la France doit être gardée long-temps, comme l'a très sagement dit S. M. l'Empereur de Russie Il faut attendre qu'une génération pure soit digne de veiller à la sûreté de l'Etat, et que l'épidémie révolutionnaire ait entièrement cessé. Alors le Prince qui règnera, prendra dans sa sagesse tous les moyens convenables pour rendre la France heureuse et florissante.

Il est très faux que l'autorité laisse toujours découvrir ses desseins les plus cachés, par le choix de ses auxiliaires. On peut avancer, en preuve, que S. M. ne pense certainement pas comme beaucoup d'auxiliaires dont il avait fait choix en 1814.

S'il y a (d'après l'auteur), *des dangers inséparables d'une représentation nationale*, cela ne peut s'entendre que lorsqu'elle sera mal composée.

Quant à la liberté de la presse, elle est bonne jusqu'à un certain point; car il ne faudrait pas qu'il fût permis d'imprimer les mémoires outrageants que l'on ose adresser au Roi, tels que le fameux Mémoire de Carnot et autres.

§. XLIII.

Loin de réfuter la présente dissertation sur la morale, il faut y applaudir avec transport, profiter du sermon de l'auteur, et desirer qu'il prêche aussi d'exemple.

L'opposition du parti nombreux et redoutable qui ne

*

qui ne laissera aucun repos à l'autorité, aussi long-temps qu'il aura des craintes pour la liberté publique, et pour lui-même.

§. X L I V.

D'un autre côté, les prétentions d'un autre parti, qu'aucune concession ne pourrait satisfaire, qui s'attache à la royauté, mais pour en partager la puissance, et qui sappe et ébranle le trône, par cela seul qu'il le prend pour son point d'appui.

§. X L V.

Je n'aurais pas eu la pensée de mettre cet affligeant tableau sous les yeux de V. M., si je n'avais à lui proposer en même temps quelques mesures, et un plan de gouvernement qui pourrait contribuer à rendre notre situation supportable.

§. X L V I.

On ne peut gouverner sans la force physique et la force morale; la première ne peut se passer de la seconde : et l'une et l'autre nous manquent.

laissera aucun repos à l'autorité, n'est pas dans les principes qui précèdent immédiatement. Cette disparate étonnerait, si l'on pouvait s'étonner de quelque chose.

§. XLIV.

Ce paragraphe est parfaitement juste, sauf l'application du parti. Peut-être n'est-ce qu'une méprise de l'auteur ? Le reproche de sapper et d'ébranler le trône doit certainement regarder ceux qui l'ont déjà renversé, et non pas ceux qui l'ont soutenu.

§. XLV et XLVI.

Si la force physique manque, c'est parce qu'elle a été enlevée par trahison. Mais si elle manque au-dedans, elle ne manque pas au-dehors. Les Puissances alliées ont reconnu que, pour le salut de l'Europe, il fallait combattre les doctrines révolutionnaires. Leurs armées sont ici en présence, et nous garantissent de toute tentative. La force morale ne manque pas; elle est soutenue par la très grande majorité des Français ; mais elle est sans cesse attaquée par une minorité factieuse, qui, elle-même étonnée du succès de ses crimes, met tout en œuvre pour conserver le fruit de ses iniques travaux. Supposons que la révolution française n'eût duré qu'un an, et que Louis XVIII fût rentré en 1793 avec son armée et celles de ses alliés; les factieux et les plus grands coupables auraient-ils osé lui imposer des conditions, et notamment celles d'aujourd'hui, en lui disant : le passé est passé : *les grands Princes ne s'en occupent pas :* restez ici : mais nous voulons être revêtus des plus grandes dignités de l'État, conserver tout ce que nous avons pris, et proscrire vos fidèles serviteurs. Nous leur faisons grâce de la peine de mort qu'ils ont encourue, pour avoir suivi vos drapeaux : nous aimons mieux, sans les tuer, les

§. XLVII.

La manière dont on formera l'armée décidera implicitement d'autres questions. On exciterait un bouleversement général, en laissant entrevoir, par cette formation, que le Roi ait le dessein de se faire une armée contre la liberté publique. Je l'ai déjà dit; il semble qu'il y ait deux peuples en France : il faut se décider promptement à se les concilier, à se les attacher tous deux, sans quoi il s'allumerait une guerre qu'on ne pourrait plus éteindre; et quoi qu'il arrive, il faut au moins pour régner que V. M. soit avec la nation.

§. XLVIII.

On ne s'est pas servi à l'égard de l'ancienne armée, du moyen tout puissant de la confiance. Il n'est pas question de conserver cette armée; il faut même changer ses dénominations, pour mieux rompre ses habitudes. Mais ne serait-il pas utile, ne serait-il pas évidemment juste, en dissolvant le corps, de ménager autant qu'il sera possible les individus ? Le licenciement pourrait être fait, avec la prudence et les règles d'un esprit de famille. Il y aura peu de dangers à faire rentrer dans la société les soldats et les officiers qui le demanderont eux-mêmes. L'alternative de rester dans l'armée, ou d'en sortir pourrait être proposée.

voir mourir d'une mort lente. — Eh bien ! voilà pourtant la force morale des factieux, ou bien encore une morale de leur force.

§. XLVII.

La manière dont on formera l'armée décidera, non pas implicitement, mais très explicitement la grande question, le salut de la France. Quoique l'on dise qu'il ne faut pas s'occuper du passé, il faut néanmoins considérer que ceux qui ont tiré le glaive contre leur Souverain, ne le remettent jamais dans le fourreau. Le célèbre auteur de cette doctrine dirige aujourd'hui la force morale qui est opposée au Gouvernement.

Le Roi doit être avec la nation pour régner. Mais ceux qui s'opposent ouvertement au Roi ne sont point la nation ; ils sont les perturbateurs de la nation.

§. XLVIII.

Y avait-il lieu de se servir du moyen tout puissant de la confiance, à l'égard de l'armée ? Ménager les coupables, c'est leur dire qu'ils peuvent recommencer. L'impunité est la pépinière des crimes. Ouvrons l'histoire, et nous verrons que Sixte-Quint , à son avènement au trône de l'Église, trouva Rome déchirée par des factions. Le Pontife s'arma de sévérité et, par ce moyen, remit le calme dans ses États. Ses détracteurs disent qu'il fut cruel. Il ne le fut pas ; mais il fut sévère, parce qu'il devait l'être. En isolant certaines actions de sa vie, on le trouvera trop rigoureux ; et en se reportant au temps où il était, on admirera son énergie et sa prudence. Personne ne s'est encore avisé de dire que Sixte-Quint ne fût pas un grand homme. Si donc un Souverain ecclésiastique, obligé par état de suivre toute la douceur de l'Évangile, se détermine néanmoins à user de sévérité,

§. XLIX.

On inviterait ceux qui, en sortant n'auraient besoin d'aucun secours annuel, à en faire la déclaration ; de même qu'on inviterait les autres à demander seulement ce qu'il leur faut, pour completter leurs moyens d'existence. Tous ceux qui auraient trop de regrets à quitter la seule profession qu'ils connaissent, seraient conservés, si on pouvait s'assurer de leur fidélité.

§. L.

Si le Gouvernement adopte, en toutes choses, de sages principes, on n'aura besoin que d'une petite armée ; elle ne saurait être trop réduite, car il sera alors bien plus facile de lui donner un bon esprit.

pourra-t-on blâmer un Prince temporel, de prendre la même voie, surtout quand il est reconnu qu'une trop grande douceur a perdu la France. Sans remonter si haut, n'avons-nous pas vu en 1780, le Gouvernement anglais faire tirer à mitraille sur une foule de séditieux qui étaient en révolte à Londres ? Encore cette révolte était-elle pour avoir du pain.

Ne serait-il pas utile, ne serait-il pas évidemment juste, en dissolvant le corps, de ménager autant qu'il sera possible les individus ? Il a été dit plus haut par l'auteur (15) que cette question ne devait pas se décider par les loix d'une rigoureuse justice. C'est-à-dire, que plus haut, l'armée craint la justice et avoue sa faute; et ici, elle demande hardiment, et comme un droit, des récompenses. *Il y aura peu de danger à faire rentrer dans la société les soldats et officiers qui le demanderont eux-mêmes : l'alternative de rester dans l'armée, ou d'en sortir pourrait être proposée.* Il faut ici trancher le mot, et dire qu'il n'y a qu'un ennemi du Roi qui puisse parler de la sorte.

§. XLIX.

Pour toute réfutation, il faut relire le paragraphe. La pitié et le dégoût en feront justice.

§. L.

On donnera facilement un bon esprit à l'armée, quand les chefs en seront bien choisis, et que les factieux ne domineront pas dans l'administration; parce que l'armée obéit à ses chefs, et se laisse néanmoins entraîner par la corruption d'un parti puissant, comme on l'a vu dans le principe de la révolution.

§. LI.

Votre Majesté a prévenu beaucoup de difficultés, en diminuant sa Maison militaire. L'opinion publique voit avec peine qu'on emploie les Suisses. La solde qu'on accorde à un étranger est un moyen de subsistance qu'on enlève à un sujet de l'Etat. En général, et pour long-temps, il sera indispensable de rejetter toutes les mesures contre lesquelles il y aura une opposition dans l'opinion publique.

§. LII.

On ne peut laisser subsister les bandes du Midi. Il faut aussi que la Vendée redevienne ce qu'elle était, il y a quinze mois, et n'y plus voir à jamais que des individus et des concitoyens. Les corps vendéens ont des principes inconciliables avec le repos de la France, une doctrine invétérée de pouvoir absolu, de spoliation des biens nationaux, et du rétablissement de l'ancien régime.

§. LIII.

On ne peut donc laisser la force publique dans leurs mains. Il y aurait une faction armée dans l'Etat ; cela n'empêchera point d'accorder des faveurs et des places à ceux des Vendéens qui les auraient méritées : le Gouvernement pourrait appeler quelques uns des chefs, et les employer avec succès à remettre ces contrées dans l'ordre accoutumé.

§. LIV.

L'organisation de la force morale exige que Votre Majesté prenne une résolution ferme et immuable. Il faut partir du principe que l'opinion publique est entrée, comme un élément nouveau, dans l'art de gouverner, et qu'elle a changé toutes les combinaisons. La France ne peut plus être gou-

§. LI.

Le trône doit être entouré d'une force imposante. Tout le monde s'accorde à dire que si la Maison du Roi eût été plus nombreuse, elle aurait repoussé la sédition des 5 et 6 Octobre, journées fatales qui produisirent la révolution.

La Maison du Roi est encore d'un puissant secours à la guerre. C'est à ce Corps distingué que la France dut la victoire de la mémorable journée de Fontenoi.

Les factieux sont les seuls qui voient, avec peine, que l'on emploie les Suisses. Tous les vrais amis du Roi voient au contraire, avec le plus grand plaisir, que ces fidelles troupes soient employées. Elles ont toujours été recommandables par une bravoure et une fidélité à toute épreuve. On ne saurait en trop avoir. La solde que l'on accorde à un étranger, n'est point un moyen de subsistance qu'on enlève à un sujet de l'Etat ; puisque le sujet de l'Etat, remplacé par l'étranger, gagnera beaucoup plus que la paye d'un soldat. Il en résultera donc un double avantage : l'industrie s'augmente et la population se conserve.

§. LII et LIII.

Les sujets dévoués au Roi font ombrage à l'auteur ; il trouve que l'armée du mois de Mars est suffisante. Cependant, pour se débarrasser des Vendéens, il propose d'accorder des faveurs à ceux qui les auraient méritées ; et il oublie d'avoir dit plus haut, qu'ils étaient factieux et ennemis du Roi. Ce n'est qu'une contradiction ou une inconséquence de plus.

§. LIV ET LV.

Si l'opinion publique est entrée, comme élément nouveau, dans l'art de gouverner, il ne reste plus qu'à découvrir où se trouve l'opinion publique. Puisqu'on admet tant de partis en France, chacun voudra l'avoir de son côté. Qui décidera donc cette grande question ? L'auteur va dire : « C'est

vernée que par le régime constitutionnel; et la question n'est plus d'étendre le pouvoir. La grande question est de le conserver et de pouvoir régner.

§. L V.

Après cette première résolution, il faudra en venir à une seconde. Il y a deux régimes constitutionnels bien différents l'un de l'autre. Dans l'un le Roi accorde le moins qu'il peut, et tout devient obstacle, parce que tout devient objet de dispute. Il a fallu plusieurs siècles à l'Angleterre, pour obtenir, l'une après l'autre, ses loix politiques; et cette lutte a plusieurs fois bouleversé l'Etat. Quand on rétrécit l'espoir qu'on laisse à la liberté d'un peuple, le premier soin de celui-ci est de fortifier aussitôt ce terrain; il l'entoure de nouveaux ouvrages, à chaque danger nouveau, et il finit par en faire une forte citadelle. Il aurait mieux valu, dès le principe, la lui accorder.

§. L V I.

Dans le second état de régime constitutionnel, il y a un ministère homogène et responsable; le Monarque, qui est le dépositaire de toute la puissance et de toute la majesté nationale, est comme placé, au moyen de ce ministère, dans une enceinte impénétrable, à l'abri de toutes les agitations politiques. La loi est également proposée par les Chambres et par le Gouvernement. Les trois branches de la législation défendent les droits du peuple et les prérogatives royales.

§. L V I I.

La loi constitutionnelle se forme de la même manière que les loix ordinaires; et la base de cet édifice est une constitution, dans laquelle on fait entrer scrupuleusement toutes les garanties de la liberté. Sous ces divers rapports,

» nous révolutionnaires, qui avons bien mérité de la pa-
» trie, et qui nous sommes distingués par des actes remar-
» quables. Si vous rétrécissez l'espoir que nous avons,
» nous allons fortifier notre terrain, l'entourer de nouveaux
» ouvrages, et nous finirons par en faire une forte cita-
» delle. Il vaudrait mieux nous accorder tout de suite notre
» demande ».

Oui ! voilà les prétentions des révolutionnaires. Les paroles ci-dessus sont les leurs ; ils les attribuent au peuple,
et elles n'appartiennent qu'à eux. Ils disent, sans dégui-
sement, que *la grande question n'est plus d'étendre le*
pouvoir, mais de le conserver, et de pouvoir régner.
Voilà donc, selon eux, un trône bien chancelant. Il y a trois
mois qu'ils en disaient autant à Buonaparte : pensent-ils
donc que le Roi soit dans la détresse, comme était l'usurpateur, et comptent-ils pour rien la légitimité du pouvoir,
l'amour du peuple pour son Souverain, et l'alliance des
Monarques de l'Europe ?

§. L V I et L V I I.

Comme il existe deux régimes constitutionnels, bien différents l'un de l'autre, on se décide ici pour celui qui est
le moins avantageux au Souverain, et dans lequel, devenant
spectateur tranquille de la machine politique, il abandonne
au Ministère le soin d'en régler le mouvement. *Toutes les*
garanties de la liberté doivent entrer scrupuleusement dans
la constitution. Ici l'auteur ne peut pas dissimuler les
inquiétudes qu'il a à cet égard, relativement à la nouvelle
Chambre qui va se former ; car il soupçonne qu'elle sera
fortement royaliste. Mais, si le Roi et les Chambres ont les
mêmes vues, comme il est à desirer et à espérer ; qui

je ne puis dissimuler que la nouvelle chambre qui va se former peut donner des inquiétudes ; il ne resterait aucun moyen, si elle n'était pas constitutionnelle, et si les opinions des *ultra-royalistes* y dominaient.

§. LVIII.

Sous le rapport de l'union et de la pacification intérieures, Votre Majesté aurait de grandes mesures à prendre. Toute union serait impossible avec des plans de réaction : il y a eu des ordonnances d'exil, Votre Majesté devait cet acte de répression à sa propre dignité, et chacun sent que d'autres circonstances ont pu encore nécessiter cette précaution. Il est certain cependant que le parti constitutionnel a craint de voir dans ces premiers actes de l'autorité la couleur de tout un règne, comme il a cru voir ses principes dans les ordonnances sur les colléges électoraux.

§. LIX.

Les diverses idées que j'ai eu l'honneur de soumettre à Votre Majesté sont peu différentes de celles qu'il aurait été encore plus facile d'adopter en 1814 ; et le monde entier peut juger du changement qu'un tel système aurait apporté dans notre situation, et dans celle de toute l'Europe. Que de maux auraient été prévenus ! La même carrière est à parcourir, et les mêmes écueils sont devant nous. Le Ciel semble avoir voulu réserver à Votre Majesté la plus grande de toutes les gloires, celle de mettre un terme à toutes nos révolutions.

§. LX.

En 1814, les hommes qui nous agitent aujourd'hui voulaient aussi frapper le passé, en ne songeant ni au présent ni à l'avenir : osons le dire ; le passé n'a jamais été d'aucune considération pour les grands Princes et pour les hommes d'Etat, si ce n'est pour y puiser des leçons. Le

pourra donc former la moindre opposition aux branches unanimes du Gouvernement? Les factieux auront beau mettre en avant le peuple, et s'agiter derrière le rideau, cette grande question deviendra simplement une affaire de Police.

§. LVIII.

On propose de grandes mesures à prendre contre toute réaction. On place à demi-mot dans cette cathégorie *les ordonnances d'exil que les circonstances* ONT PU *nécessiter par précaution; quoique cependant le parti constitutionnel ait craint de voir dans ces premiers actes de l'autorité la couleur de tout un règne, comme il a cru voir ses principes dans ses ordonnances sur les colléges électoraux.*

Voilà une reprimande respectueuse, dans laquelle l'auteur se dirige d'un pas oblique vers son but. Cette précaution fait honneur à ses talents; mais elle n'annonce pas beaucoup d'attachement pour le Roi.

§. LIX ET LX.

Le monde entier reconnaît que le seul moyen de prévenir les maux que la France a soufferts dans cette dernière secousse, était d'éloigner du Gouvernement, c'est-à-dire, des places administratives tous les éléments des crimes passés, ces hommes pervers qui ont trahi le Roi et la patrie. Il fallait, d'après les paroles de l'auteur, *prendre en considération le passé, pour y puiser des leçons.*

Pourquoi demander si souvent l'oubli du passé, dès que la morale révolutionnaire efface tous les crimes? Ne vient-on pas de publier, dans un Mémoire justificatif, qu'il n'y a point de criminels dans les révolutions; qu'il n'y a que

présent et l'avenir sont les seules boussoles du Gouvernement. Ce n'est pas de ce qu'on a fait, mais de ce qu'on fait; ce n'est pas de ce qu'on a dit, mais de ce qu'on dit, qu'il faut s'occuper principalement. Les réactions ne sont plus dans nos mœurs; et dès qu'une goutte de sang vient à couler dans une révolution politique, il n'y a plus aucune certitude qu'il n'en sera pas versé des torrents.

§. LXI.

Si, d'après les mesures que je propose, il y avait encore quelques résistances partielles, on les contiendrait par la vigilance et la fermeté. Cette dernière qualité fut toujours celle des grands Rois. Une autre qualité lui est cependant supérieure, la prudence. Les Souverains, quelque grand que soit leur pouvoir, sont soumis à la commune loi de la nécessité. Il y a des temps, où il faut calmer au lieu d'aigrir, où il faut, avant tout, concilier, rassurer et faire espérer. Deux doctrines sont opposées. Commençons par décider laquelle des deux sera suivie; et si nous voulons remonter contre le torrent, ou bien le descendre. S'il s'agit de le remonter, il n'y a rien à attendre de la fermeté : le despotisme même serait impuissant.

§. LXII.

La fermeté n'est que dans la modération. L'immortelle Catherine trouvait que le mot justice était trop fort pour l'homme, et qu'il ne pouvait supporter que l'équité. Une fois que l'ordre sera rétabli, chacun sentira que l'indulgence sur le passé ne peut s'étendre au présent. La même fermeté, sous son double rapport, de force et de fermeté, s'appliquera à tous les actes du Gouvernement, à toutes les parties de l'ordre public; on ne souffrira aucune déviation, aucune négligence; tous les partis seront contenus, tous les

des vainqueurs et des vaincus. L'auteur du Rapport est, en vérité, bien scrupuleux, s'il n'ose pas se mettre à la hauteur de ce principe. Ses collègues lui reprocheront de ne pas se *rattacher* au système, et de *n'être pas en harmonie avec eux.*

§. LXI.

Il faut de la vigilance et de la fermeté. Loin de vouloir ici refuter l'auteur, on doit abonder dans son sens. *La prudence*, ajoute-t-il, *lui est cependant supérieure.* Il faut s'entendre là-dessus. Veut-il parler de cette prudence qui exige que les emplois administratifs ne soient confiés qu'à des hommes purs et sans tache ? pour lors il a raison. Mais veut-il persuader que l'on doive, par prudence, oublier les crimes passés? Nous remonterons à son paragraphe précédent, pour le juger de sa propre bouche, et lui dire que l'on doit puiser des leçons dans le passé.

Ici l'auteur jette le gant, et propose de remonter le torrent, ou de le descendre ; et pour le choix du premier parti, il menace de la foudre anti-royale.

§. LXII.

Tout le monde ne convient pas que la fermeté NE SOIT QUE dans la modération. Si elle s'y trouve, elle peut certainement aussi se trouver ailleurs. L'indulgence que l'on ne cesse de réclamer pour le passé ne doit pas tourner en prédilection pour ceux qui la réclament ; et bien loin delà, puisque les événements présents ont eu leur source dans ceux du temps passé.

Le plan de fermeté, proposé pour toutes les parties de l'ordre public, est très bien conçu. L'auteur sollicite actuellement de la sévérité contre ceux qui voudraient trou-

écarts seront redressés; on punira avec sévérité tous les individus qui se placeront en état d'hostilité envers le Gouvernement.

§. LXIII.

Ces premiers succès ne suffiront point encore. En nous rapprochant de plus en plus de l'Angleterre, sous le rapport de l'étendue de notre liberté civile et politique, nous aurons l'avantage de nous rapprocher aussi de ses distinctions sociales, dont les unes se rattachent à la forme et à la force du Gouvernement, et les autres à l'état extérieur d'une nation. Il n'y a à sauver de la révolution française que les droits et les principes que le temps a consacrés : il faut nous mettre en harmonie avec toute l'Europe, pour avoir le moyen de prendre part à tous les avantages de la civilisation générale. Une habile direction de l'instruction publique atteindra bientôt ce but important ; les mœurs reprendront aussi leur doux empire, par les mêmes moyens ; l'amour de la patrie renaîtra, à la première lueur d'une nouvelle prospérité ; le besoin de nous unir viendra de nos malheurs mêmes, et de la nécessité de les réparer.

§. LXIV.

C'est à cette union, c'est au bien qu'elle produira, que nous devrons un nouvel esprit public.

ver de l'imperfection dans ses projets; et auparavant il sollicitait une extrême douceur pour l'armée, et pour tous ceux qu'un simple égarement avait fourvoyés. On peut dire ici avec Juvénal: *Dat veniam corvis, vexat censura columbas* (Sat. 2).

§. LXIII.

Enfin, l'auteur se *rattache* avec une fermeté stoïque aux droits et aux principes que la révolution française a consacrés. Il veut, par ces droits et ces principes, nous *mettre en harmonie* avec l'Europe, en feignant de ne pas voir que c'est par-là même que l'harmonie a été rompue; et pour couronner l'œuvre, il dit que ces droits et ces principes nous feront jouir de tous les avantages de la civilisation générale.

§. LXIV.

Pourquoi l'auteur et orateur n'a-t-il pas été plus court? Il pouvait par deux mots seulement annoncer ses prétentions, et demander pour les révolutionnaires *Richesses* et *Pouvoir*. Deux mots encore présentent ses moyens: *Menace* et *Oubli*.

TABLEAU ANALYTIQUE DES RAPPORTS.

Le but des Rapports n'est autre chose que de placer la Révolution sur le trône, d'en faire subsister tous les éléments, et d'éloigner de l'armée et des administrations tous ceux qu'elle avait proscrits. Le principal appui de ce sys-tème est la terreur. C'est ainsi que les grands coups furent frappés autrefois; et l'on peut dire : Mêmes hommes, mêmes moyens. L'auteur commence par présenter des difficultés; ensuite, il inspire des craintes, et il finit par des menaces. Cette gradation est adroitement observée, pour joindre la persuasion à la force, et ne rien omettre d'utile à ses vues. Ce n'est qu'à la fin, qu'il demande, avec audace, *si on veut remonter le torrent, ou bien le descendre;* et que, dans le premier cas, il menace d'une explosion générale. Ses moyens secondaires sont dans les palliations insidieuses. Parle-t-il de l'armée? Son crime n'est qu'une erreur : on devrait la garder. Si on se détermine cependant à la licencier, il faudrait demander à chaque individu ce qu'il croit nécessaire pour son existence, et le lui accorder. Ici, la saignée et le bain froid paraissent nécessaires à l'auteur. Il faut surtout observer que les craintes qu'il met en avant sont chiméri-ques, et qu'il fait disparaître celles qui sont fondées. Il dit, par exemple, qu'il n'y a plus de Buonapartistes, tandis que tout ce qui a été dans la dernière défection l'est d'une ma-nière incurable. Enfin, les acquéreurs de biens nationaux sont pour lui le boulevard de la Révolution ; ils l'ont ci-mentée et consolidée. La justice et l'honneur ne prévau-dront pas contre elle. Voilà la profession de foi politique de l'auteur. La nôtre sera la maxime citée à la tête de cet ouvrage :

Hic murus aheneus esto
Nil conscire sibi, nullà pallescere culpâ.

____